高校教师

师德师风应知应会

李林齐　尤春艳　袁　希——主编——

西南大学出版社
SWUPG　国家一级出版社　全国百佳图书出版单位

图书在版编目(CIP)数据

高校教师师德师风应知应会 / 李林齐, 尤春艳, 袁希主编. -- 重庆 : 西南大学出版社, 2025.7

ISBN 978-7-5697-2855-2

Ⅰ. G645.16

中国国家版本馆 CIP 数据核字第 20242954YN 号

高校教师师德师风应知应会

GAOXIAO JIAOSHI SHIDE SHIFENG YINGZHI YINGHUI

重庆工业职业技术大学　编

李林齐　尤春艳　袁希　主编

责任编辑 ∣ 李晓瑞

责任校对 ∣ 畅　洁

装帧设计 ∣ 闰江文化

排　　版 ∣ 夏　洁

出版发行 ∣ 西南大学出版社(原西南师范大学出版社)

地　　址 ∣ 重庆市北碚区天生路2号

邮　　编 ∣ 400715

电　　话 ∣ 023-68254657　68254107

印　　刷 ∣ 重庆新生代彩印技术有限公司

成品尺寸 ∣ 148mm×210mm

印　　张 ∣ 6.25

字　　数 ∣ 157千字

版　　次 ∣ 2025年7月 第1版

印　　次 ∣ 2025年7月 第1次印刷

书　　号 ∣ ISBN 978-7-5697-2855-2

定　　价 ∣ 29.00元

编委会

　　党的二十大报告指出,要"加强师德师风建设,培养高素质教师队伍,弘扬尊师重教社会风尚",对新形势下师德师风建设提出了新要求。习近平总书记强调:培养社会主义建设者和接班人,迫切需要我们的教师既精通专业知识、做好"经师",又涵养德行、成为"人师",努力做精于"传道授业解惑"的"经师"和"人师"的统一者。对教师为学为人都提出了更高的期望。教师的思想政治素质和师德师风关乎学生成长成才,关乎教育改革发展,关乎社会文明风尚,关乎国家长治久安。新时代新征程上,每一名教师都应增强为党育人、为国育才的责任感、使命感和紧迫感,努力成为学生为学、为事、为人的大先生,成为被社会尊重的楷模,成为世人效法的榜样。

　　在全党深入开展学习贯彻习近平新时代中国特色社会主义思想主题教育之际,重庆市教委紧抓师德师风集中学习教育,全面提升教师思想政治素质和职业道德水平,用习近平新时代中国特色社会主义思想引领广大教师敬业立学、崇德尚美,营造风清气正的育人环境,编写了《高校教师师德师风应知应会》一书。本书第一部分为关于师德师风建设的重要论述摘编,第二部分为师德师风建设的重要文件精神,第三部分为高校教师师德师风优秀典型先进事迹,第四部分为高校教师师德师风警示案例,第五部分为专家解读等附录。此书所选内容多来自官方网站,公开出版物等,均已标明出处,在此表示感谢。通过本书的系统学习,进一步加深广大教师对于师德师风建设的认识,提高教师的道德素养,促进教育事业的可持续发展。

承时代之势,弘师德之风。重庆市教育系统将始终坚守为党育人、为国育才初心使命,持续深入学习贯彻习近平新时代中国特色社会主义思想和党的二十大精神,坚持政治引领,强化师德学习教育,坚持师德师风第一标准,做好教师精神引领,完善教师培养管理,健全中国特色教师教育体系,善作善成、久久为功,为加快建设教育强国、办好人民满意的教育提供有力支撑。

特别感谢本书编委会全体成员:重庆市教育工委李林齐、尤春艳、杨红,重庆工业职业技术大学袁希、李倩、史运伟、彭嘉怡、龚梦玲、龚睿、黄雅恒、罗玮琦、甄真、盛慰、康琳、王贺等人的辛苦付出。

编者

2025 年 7 月

第一部分

学思想·理论研习篇

教师是立教之本

长期以来,我国广大教师认真贯彻党的教育方针,默默耕耘、无私奉献,用爱心、知识、智慧点亮学生心灵,培养了一批又一批优秀人才,为我国教育事业发展、为国家发展和民族振兴作出了突出贡献。

百年大计,教育为本。教师是立教之本、兴教之源,承担着让每个孩子健康成长、办好人民满意教育的重任。希望全国广大教师牢固树立中国特色社会主义理想信念,带头践行社会主义核心价值观,自觉增强立德树人、教书育人的荣誉感和责任感,学为人师,行为世范,做学生健康成长的指导者和引路人;牢固树立终身学习理念,加强学习,拓宽视野,更新知识,不断提高业务能力和教育教学质量,努力成为业务精湛、学生喜爱的高素质教师;牢固树立改革创新意识,踊跃投身教育创新实践,为发展具有中国特色、世界水平的现代教育作出贡献。

各级党委和政府要把加强教师队伍建设作为教育事业发展最重要的基础工作来抓,提升教师素质,改善教师待遇,关心教师健康,维护教师权益,充分信任、紧紧依靠广大教师,支持优秀人才长期从教、终身从教。

全社会要大力弘扬尊师重教的良好风尚,使教师成为最受社会尊重的职业。

祝全国广大教师身体健康、工作顺利、生活幸福!

节选自《习近平向全国广大教师致慰问信》,《人民日报》2013年9月10日

发展教育事业,广大教师责任重大、使命光荣。希望你们牢记使命、不忘初衷,扎根西部、服务学生,努力做教育改革的奋进者、教育扶贫的先行者、学生成长的引导者,为贫困地区教育事业发展、为祖国下一代健康成长继续作出自己的贡献。

节选自《习近平总书记给"国培计划(2014)"北师大贵州研修班参训教师的回信》,《人民日报》2015年9月10日

教师是人类灵魂的工程师,承担着神圣使命。传道者自己首先要明道、信道。高校教师要坚持教育者先受教育,努力成为先进思想文化的传播者、党执政的坚定支持者,更好担起学生健康成长指导者和引路人的责任。要加强师德师风建设,坚持教书和育人相统一,坚持言传和身教相统一,坚持潜心问道和关注社会相统一,坚持学术自由和学术规范相统一,引导广大教师以德立身、以德立学、以德施教。

节选自《把思想政治工作贯穿教育教学全过程 开创我国高等教育事业发展新局面》,《人民日报》2016年12月9日

长期以来,广大教师贯彻党的教育方针,教书育人,呕心沥血,默默奉献,为国家发展和民族振兴作出了重大贡献。教师是人类灵魂的工程师,是人类文明的传承者,承载着传播知识、传播思想、

传播真理，塑造灵魂、塑造生命、塑造新人的时代重任。全党全社会要弘扬尊师重教的社会风尚，努力提高教师政治地位、社会地位、职业地位，让广大教师享有应有的社会声望，在教书育人岗位上为党和人民事业作出新的更大的贡献。

节选自《坚持中国特色社会主义教育发展道路 培养德智体美劳全面发展的社会主义建设者和接班人》，《人民日报》2018年9月11日

　　面对突如其来的新冠肺炎疫情，全国广大教师迎难而上，奋战在抗击疫情和"停课不停学、不停教"两条战线上，守护亿万学生身心健康，支撑起世界上最大规模的在线教育，为抗击疫情作出了重要贡献。今年是决胜全面建成小康社会、决战脱贫攻坚之年，全国广大教师用爱心和智慧阻断贫困代际传递，点亮万千乡村孩子的人生梦想，展现了当代人民教师的高尚师德和责任担当。希望广大教师不忘立德树人初心，牢记为党育人、为国育才使命，积极探索新时代教育教学方法，不断提升教书育人本领，为培养德智体美劳全面发展的社会主义建设者和接班人作出新的更大贡献。

　　各级党委和政府要满腔热情关心教师，让教师真正成为最受社会尊重和令人羡慕的职业，在全社会营造尊师重教的良好风尚。要统筹做好常态化疫情防控和教育教学工作，确保全面复学、正常复学、安全复学。

节选自《习近平向全国广大教师和教育工作者致以节日祝贺和诚挚慰问》，《人民日报》2020年9月10日

好老师的标准

教育是提高人民综合素质、促进人的全面发展的重要途径,是民族振兴、社会进步的重要基石,是对中华民族伟大复兴具有决定性意义的事业。教师是人类历史上最古老的职业之一,也是最伟大、最神圣的职业之一。人们常说:"教师是太阳底下最崇高的职业。"自古以来,中华民族就有尊师重教、崇智尚学的优良传统,正所谓"国将兴,必贵师而重傅;贵师而重傅,则法度存"。在古代,孔子被推崇为"大成至圣先师",被誉为"万世师表"。在中华民族5000多年文明发展史上,英雄辈出,大师荟萃,都与一代又一代教师的辛勤耕耘是分不开的。

新中国成立65年来,党和国家高度重视教育事业,建成了世界最大规模的教育体系,保障了亿万人民群众受教育的权利,极大提高了全民族素质,有力推动了经济社会发展。长期以来,广大教师自觉贯彻党的教育方针,教书育人,呕心沥血,默默奉献,为国家发展和民族振兴作出了巨大贡献,赢得了全社会广泛赞誉和普遍尊重。

当今世界,科技进步日新月异,国际竞争日趋激烈。特别是经历了历史上罕见的国际金融危机,各国纷纷调整发展战略,更加注重科技进步和创新驱动。当今世界的综合国力竞争,说到底是人才竞争,人才越来越成为推动经济社会发展的战略性资源,教育的基础性、先导性、全局性地位和作用更加凸显。"两个一百年"奋斗目标的实现、中华民族伟大复兴中国梦的实现,归根到底靠人才、靠教育。源源不断的人才资源是我国在激烈的国际竞争中的重要潜在力量和后发优势。希望广大教师认清肩负的使命和责任,努力为发展具有中国特色、世界水平的现代教育,培养社会主义事业建设者和接班人作出更大贡献!

各位老师、同学们!

邓小平同志曾经指出:"一个学校能不能为社会主义建设培养合格的人才,培养德智体全面发展、有社会主义觉悟的有文化的劳动者,关键在教师。"教师重要,就在于教师的工作是塑造灵魂、塑造生命、塑造人的工作。一个人遇到好老师是人生的幸运,一个学校拥有好老师是学校的光荣,一个民族源源不断涌现出一批又一批好老师则是民族的希望。国家繁荣、民族振兴、教育发展,需要我们大力培养造就一支师德高尚、业务精湛、结构合理、充满活力的高素质专业化教师队伍,需要涌现一大批好老师。

那么,怎样才能成为好老师呢? 今天,我想就这个问题同大家做个交流。

每个人心目中都有自己好老师的形象。做好老师,是每一个老师应该认真思考和探索的问题,也是每一个老师的理想和追求。我想,好老师没有统一的模式,可以各有千秋、各显身手,但有一些共同的、必不可少的特质。

第一,做好老师,要有理想信念。陶行知先生说,教师是"千教万教,教人求真",学生是"千学万学,学做真人"。

老师肩负着培养下一代的重要责任。正确理想信念是教书育人、播种未来的指路明灯。不能想象一个没有正确理想信念的人能够成为好老师。唐代韩愈说:"师者,所以传道授业解惑也。""传道"是第一位的。一个老师,如果只知道"授业""解惑"而不"传道",不能说这个老师是完全称职的,充其量只能是"经师""句读之师",而非"人师"了。古人云:"经师易求,人师难得。"一个优秀的老师,应该是"经师"和"人师"的统一,既要精于"授业""解惑",更要以"传道"为责任和使命。好老师心中要有国家和民族,要明确意识到肩负的国家使命和社会责任。

我们的教育是为人民服务、为中国特色社会主义服务、为改革开放和社会主义现代化建设服务的,党和人民需要培养的是社会主义事业建设者和接班人。好老师的理想信念应该以这一要求为基准。广大教师要始终同党和人民站在一起,自觉做中国特色社会主义的坚定信仰者和忠实实践者,忠诚于党和人民的教育事业,自觉把党的教育方针贯彻到教学管理工作全过程,严肃认真对待自己的职责。要注重加强中国特色社会主义理论体系的学习,加深对中国特色社会主义的思想认同、理论认同、情感认同,不断增强道路自信、理论自信、制度自信,积极引导学生热爱祖国、热爱人民、热爱中国共产党。好老师应该做中国特色社会主义共同理想和中华民族伟大复兴中国梦的积极传播者,帮助学生筑梦、追梦、圆梦,让一代又一代年轻人都成为实现我们民族梦想的正能量。

广大教师要用好课堂讲坛,用好校园阵地,用自己的行动倡导社会主义核心价值观,用自己的学识、阅历、经验点燃学生对真善美的向往,使社会主义核心价值观润物细无声地浸润学生们的心田、转化为日常行为,增强学生的价值判断能力、价值选择能力、价值塑造能力,引领学生健康成长。

第二,做好老师,要有道德情操。老师的人格力量和人格魅力是成功教育的重要条件。"师也者，教之以事而喻诸德者也。"老师对学生的影响，离不开老师的学识和能力，更离不开老师为人处世、于国于民、于公于私所持的价值观。一个老师如果在是非、曲直、善恶、义利、得失等方面老出问题，怎么能担起立德树人的责任？广大教师必须率先垂范、以身作则，引导和帮助学生把握好人生方向，特别是引导和帮助青少年学生扣好人生的第一粒扣子。

"师者，人之模范也。"教师的职业特性决定了教师必须是道德高尚的人群。合格的老师首先应该是道德上的合格者，好老师首先应该是以德施教、以德立身的楷模。师者为师亦为范，学高为师，德高为范。老师是学生道德修养的镜子。好老师应该取法乎上、见贤思齐，不断提高道德修养，提升人格品质，并把正确的道德观传授给学生。

师德是深厚的知识修养和文化品位的体现。师德需要教育培养，更需要老师自我修养。做一个高尚的人、纯粹的人、脱离了低级趣味的人，应该是每一个老师的不懈追求和行为常态。好老师要有"捧着一颗心来，不带半根草去"的奉献精神，自觉坚守精神家园、坚守人格底线，带头弘扬社会主义道德和中华传统美德，以自己的模范行为影响和带动学生。

好老师的道德情操最终要体现到对所从事职业的忠诚和热爱上来。好老师应该执着于教书育人。我们常说干一行爱一行，做老师就要热爱教育工作，不能把教育岗位仅仅作为一个养家糊口的职业。有了为事业奋斗的志向，才能在老师这个岗位上干得有滋有味，干出好成绩。如果身在学校却心在商场或心在官场，在金钱、物欲、名利同人格的较量中把握不住自己，那是当不好老师的。

现在，很多地方做老师还比较清苦，特别是农村基层小学老师很辛苦,收入不高,物质生活不是很宽裕,有些家庭负担较重的老师生活还比较困难。各级党委和政府都要关心广大老师特别是生活工作有困难的老师,努力为他们排忧解难。同时,老师要有"衣带渐宽终不悔,为伊消得人憔悴"的精神,兢兢业业做好工作。做老师,最好的回报是学生成人成才,桃李满天下。想想无数孩子在自己的教育下学到知识、学会做人、事业有成、生活幸福,那是何等让人舒心、让人骄傲的成就。

第三,做好老师,要有扎实学识。老师自古就被称为"智者"。俗话说,前人强不如后人强,家庭如此,国家、民族更是如此。只有我们的孩子们学好知识了、学好本领了、懂得更多了,他们才能更强,我们的国家、民族才能更强。

扎实的知识功底、过硬的教学能力、勤勉的教学态度、科学的教学方法是老师的基本素质,其中知识是根本基础。学生往往可以原谅老师严厉刻板,但不能原谅老师学识浅薄。"水之积也不厚,则其负大舟也无力。"知识储备不足、视野不够,教学中必然捉襟见肘,更谈不上游刃有余。

国外有教育家说过:"为了使学生获得一点知识的亮光,教师应吸进整个光的海洋。"在信息时代做好老师,自己所知道的必须大大超过要教给学生的范围,不仅要有胜任教学的专业知识,还要有广博的通用知识和宽阔的胸怀视野。好老师还应该是智慧型的老师,具备学习、处世、生活、育人的智慧,既授人以鱼,又授人以渔,能够在各个方面给学生以帮助和指导。

陶行知先生说:"出世便是破蒙,进棺材才算毕业。"这就要求老师始终处于学习状态,站在知识发展前沿,刻苦钻研、严谨笃学,不断充实、拓展、提高自己。过去讲,要给学生一碗水,教师要有一桶水,现在看,这个要求已经不够了,应该是要有一潭水。

第四,做好老师,要有仁爱之心。教育是一门"仁而爱人"的事业,爱是教育的灵魂,没有爱就没有教育。好老师应该是仁师,没有爱心的人不可能成为好老师。高尔基说:"谁爱孩子,孩子就爱谁。只有爱孩子的人,他才可以教育孩子。"教育风格可以各显身手,但爱是永恒的主题。爱心是学生打开知识之门、启迪心智的开始,爱心能够滋润浇开学生美丽的心灵之花。老师的爱,既包括爱岗位、爱学生,也包括爱一切美好的事物。

有人说,好老师的眼神应该是慈爱、友善、温情的,透着智慧、透着真情。好老师对学生的教育和引导应该是充满爱心和信任的,在严爱相济的前提下晓之以理、动之以情,让学生"亲其师""信其道"。好老师要用爱培育爱、激发爱、传播爱,通过真情、真心、真诚拉近同学生的距离,滋润学生的心田,使自己成为学生的好朋友和贴心人。好老师应该把自己的温暖和情感倾注到每一个学生身上,用欣赏增强学生的信心,用信任树立学生的自尊,让每一个学生都健康成长,让每一个学生都享受成功的喜悦。

有爱才有责任。好老师应该懂得,选择当老师就选择了责任,就要尽到教书育人、立德树人的责任,并把这种责任体现到平凡、普通、细微的教学管理之中。正是因为爱教育、爱学生,我们很多老师才有了用一辈子备一堂课、用一辈子在三尺讲台默默奉献的力量,才有了在学生遇到危难时挺身而出的勇气,才有了敢于攻克新知新学的锐气。老师责任心有多大,人生舞台就有多大。

老师还要具有尊重学生、理解学生、宽容学生的品质。离开了尊重、理解、宽容同样谈不上教育。"学而不厌、诲人不倦",有教无类,因材施教,教也多术,就是要求老师具有尊重、理解、宽容的品质。这本身就是一种伟大的教育力量。受到尊重、得到理解、得到宽容，是每一个人在人生各阶段都不可缺少的心理需要，儿童和青少年更是如此。一些调查材料反映，尊重学生越来越成为好老师的重要标准。好老师应该懂得既尊重学生，使学生充满自信、昂首挺胸，又通过尊重学生的言传身教教育学生尊重他人。

世界上没有两片完全相同的树叶，老师面对的是一个个性格爱好、脾气秉性、兴趣特长、家庭情况、学习状况不一的学生，必须精心加以引导和培育，不能因为有的学生不讨自己喜欢、不对自己胃口就冷淡、排斥，更不能把学生分为三六九等。对所谓的"差生"甚至问题学生，老师更应该多一些理解和帮助。老师在学生心目中具有重要位置，老师无意间的一句话，可能造就一个天才，也可能毁灭一个天才。好老师一定要平等对待每一个学生，尊重学生的个性，理解学生的情感，包容学生的缺点和不足，善于发现每一个学生的长处和闪光点，让所有学生都成长为有用之才。

我看了不少优秀教师的事迹，很多老师一生中忘了自己、把全部身心扑在学生身上，有的老师把自己有限的工资用来资助贫困学生、深恐学生失学，有的老师把自己的收入用来购买教学用具，有的老师背着学生上学、牵着学生的手过急流、走险路，有的老师拖着残疾之躯坚守在岗位上，很多事迹感人至深、催人泪下。这就是人间大爱。我们要在广大教师中、在全社会大力宣传和弘扬优秀教师的先进事迹和高尚品德。

好老师不是天生的，而是在教学管理实践中、在教育改革发展中锻炼成长起来的。衷心祝愿每个教师都能成为符合党和人民要求、学生喜欢和敬佩的好老师，希望每个孩子都能遇到好老师。

各位老师、同学们！

我国人口多、国土广、地区差异大，有2.6亿学生和1400万教师，搞好教育事业任务艰巨。党和政府高度重视教育，2012年以来我国财政性教育经费支出占当年国内生产总值比例达到4%，这是很大的一件事。我国经济总量虽然已经是世界第二，但我国还是世界上最大的发展中国家，还处在社会主义初级阶段，各种教育资源历史积累不足，地区之间教育发展不平衡，教育总体条件还不是很理想，教师特别是基层教师收入总体水平不高，办学条件标准不高，教育管理水平亟待提高。这就要求我们坚持科教兴国战略和人才强国战略，坚持把教育放在优先发展的战略位置，继续大力推动教育改革发展，使我国教育越办越好、越办越强。

百年大计，教育为本。教育大计，教师为本。努力培养造就一大批一流教师，不断提高教师队伍整体素质，是当前和今后一段时间我国教育事业发展的紧迫任务。

各级党委和政府要从战略高度来认识教师工作的极端重要性，把加强教师队伍建设作为基础工作来抓，满腔热情关心教师，改善教师待遇，关心教师健康，维护教师权益，充分信任、紧紧依靠广大教师，支持优秀人才长期从教、终身从教，使教师成为最受社会尊重的职业。要制定切实可行的政策措施，鼓励有志青年到农村、到边远地区为国家教育事业建功立业。要加强教师教育体系建设，加大对师范院校的支持力度，找准教师教育中存在的主要问题，寻求深化教师教育改革的突破口和着力点，不断提高教师培养培训的质量。要让全社会广泛了解教师工作的重要性和特殊性，让尊师重教蔚然成风。

这些年，媒体报道了个别老师道德败坏、贪赃枉法的事，对这些害群之马要清除出教师队伍,并依法进行惩处,对侵害学生的行为必须零容忍。

各位老师,同学们!

"三寸粉笔,三尺讲台系国运;一颗丹心,一生秉烛铸民魂。"今天的学生就是未来实现中华民族伟大复兴中国梦的主力军,广大教师就是打造这支中华民族"梦之队"的筑梦人。希望全国广大教师把全部精力和满腔真情献给教育事业,在教书育人的工作中不断创造新业绩。

节选自《做党和人民满意的好老师》,《人民日报》2014年9月10日

教育决定着人类的今天,也决定着人类的未来。基础教育在国民教育体系中处于基础性、先导性地位,必须把握好定位,全面贯彻落实党的教育方针,从多方面采取措施,努力把我国基础教育越办越好。广大教师要做学生锤炼品格的引路人,做学生学习知识的引路人,做学生创新思维的引路人,做学生奉献祖国的引路人。

教师是传播知识、传播思想、传播真理的工作,是塑造灵魂、塑造生命、塑造人的工作,理应受到尊敬,要在全社会弘扬尊师重教的良好风尚。

一个人遇到好老师是人生的幸运,一个学校拥有好老师是学校的光荣,一个民族源源不断涌现出一批又一批好老师则是民族的希望。自古以来,中华民族就有尊师重教、崇智尚学的优良传统。党和国家事业发展需要一支宏大的师德高尚、业务精湛、结构合理、充满活力的高素质专业化教师队伍,需要一大批好老师。长

期以来,广大教师为教育事业付出了辛劳、奉献了力量、贡献了才智,要在广大教师中、在全社会大力宣传和弘扬优秀教师的先进事迹和高尚品德。希望广大教师认清肩负的使命和责任,教育和引导学生热爱祖国、热爱人民、热爱中国共产党,教育和引导学生心中要有国家和民族、意识到肩负的责任,牢固树立为祖国服务、为人民服务的意识,立志成为党和人民需要的人才。各级党委和政府要满腔热情关心教师,让广大教师安心从教、热心从教、舒心从教、静心从教,让广大教师在岗位上有幸福感、事业上有成就感、社会上有荣誉感,让教师成为让人羡慕的职业。

节选自《全面贯彻落实党的教育方针 努力把我国基础教育越办越好》,《人民日报》2016年9月10日

办好思想政治理论课关键在教师,关键在发挥教师的积极性、主动性、创造性。思政课教师,要给学生心灵埋下真善美的种子,引导学生扣好人生第一粒扣子。第一,政治要强,让有信仰的人讲信仰,善于从政治上看问题,在大是大非面前保持政治清醒。第二,情怀要深,保持家国情怀,心里装着国家和民族,在党和人民的伟大实践中关注时代、关注社会,汲取养分、丰富思想。第三,思维要新,学会辩证唯物主义和历史唯物主义,创新课堂教学,给学生深刻的学习体验,引导学生树立正确的理想信念、学会正确的思维方法。第四,视野要广,有知识视野、国际视野、历史视野,通过生动、深入、具体的纵横比较,把一些道理讲明白、讲清楚。第五,自律要严,做到课上课下一致、网上网下一致,自觉弘扬主旋律,积极传递正能量。第六,人格要正,有人格,才有吸引力。亲其师,才能信其道。要有堂堂正正的人格,用高尚的人格感染学生、

赢得学生,用真理的力量感召学生,以深厚的理论功底赢得学生,自觉做为学为人的表率,做让学生喜爱的人。

节选自《用新时代中国特色社会主义思想铸魂育人
贯彻党的教育方针落实立德树人根本任务》,《人民日报》
2019年3月19日

教师是教育工作的中坚力量。有高质量的教师,才会有高质量的教育。做好老师,就要执着于教书育人,有热爱教育的定力、淡泊名利的坚守,就要有理想信念、有道德情操、有扎实学识、有仁爱之心。广大思想政治理论课教师,政治要强、情怀要深、思维要新、视野要广、自律要严、人格要正。要把师德师风建设摆在首要位置,引导广大教师继承发扬老一辈教育工作者"捧着一颗心来,不带半根草去"的精神,以赤诚之心、奉献之心、仁爱之心投身教育事业。要加强中西部欠发达地区教师定向培养和精准培训,深入实施乡村教师支持计划。要在全党全社会大力弘扬尊师重教的社会风尚,推动形成优秀人才竞相从教、广大教师尽展其才、好老师不断涌现的良好局面。

节选自《把保障人民健康放在优先发展的战略位置
着力构建优质均衡的基本公共教育服务体系》,《人民日报》
2021年3月7日

教师是教育工作的中坚力量,没有高水平的师资队伍,就很难培养出高水平的创新人才,也很难产生高水平的创新成果。大学教师对学生承担着传授知识、培养能力、塑造正确人生观的职责。教师要成为大先生,做学生为学、为事、为人的示范,促进学生成长为全面发展的人。要研究真问题,着眼世界学术前沿和国家重大需求,致力于解决实际问题,善于学习新知识、新技术、新理论。要坚定信念,始终同党和人民站在一起,自觉做中国特色社会主义的坚定信仰者和忠实实践者。

节选自《坚持中国特色世界一流大学建设目标方向为服务国家富强民族复兴人民幸福贡献力量》,《人民日报》2021年4月20日

对教师来说,想把学生培养成什么样的人,自己首先就应该成为什么样的人。培养社会主义建设者和接班人,迫切需要我们的教师既精通专业知识、做好"经师",又涵养德行、成为"人师",努力做精于"传道授业解惑"的"经师"和"人师"的统一者。教育是一门"仁而爱人"的事业,有爱才有责任。广大教师要严爱相济、润己泽人,以人格魅力呵护学生心灵,以学术造诣开启学生智慧,把自己的温暖和情感倾注到每一个学生身上,让每一个学生都健康成长,让每一个孩子都有人生出彩的机会。老师应该有言为士则、行为世范的自觉,不断提高自身道德修养,以模范行为影响和带动学生,做学生为学、为事、为人的大先生,成为被社会尊重的楷模,成为世人效法的榜样。

节选自《坚持党的领导传承红色基因扎根中国大地走出一条建设中国特色世界一流大学新路》,《人民日报》2022年4月26日

建设高素质教师队伍

人才培养,关键在教师。教师队伍素质直接决定着大学办学能力和水平。建设社会主义现代化强国,需要一大批各方面各领域的优秀人才。这对我们教师队伍能力和水平提出了新的更高的要求。同样,随着信息化不断发展,知识获取方式和传授方式、教和学关系都发生了革命性变化。这也对教师队伍能力和水平提出了新的更高的要求。

建设政治素质过硬、业务能力精湛、育人水平高超的高素质教师队伍是大学建设的基础性工作。要从培养社会主义建设者和接班人的高度,考虑大学师资队伍的素质要求、人员构成、培训体系等。高素质教师队伍是由一个一个好老师组成的,也是由一个一个好老师带出来的。2014年教师节时我同北京师范大学的师生代表座谈时就如何做一名好老师提出了4点要求,即:要有理想信念、有道德情操、有扎实学识、有仁爱之心。我今天再强调一下。

古人说:"师者,人之模范也。"在学生眼里,老师是"吐辞为经、举足为法",一言一行都给学生以极大影响。教师思想政治状况具有很强的示范性。要坚持教育者先受教育,让教师更好担当起学生健康成长指导者和引路人的责任。

评价教师队伍素质的第一标准应该是师德师风。师德师风建设应该是每一所学校常抓不懈的工作,既要有严格制度规定,也要有日常教育督导。我们的教师队伍师德师风总体是好的，绝大多数老师都敬重学问、关爱学生、严于律己、为人师表，受到学生尊敬和爱戴。同时，也要看到教师队伍中存在的一些问题。对出现的问题，我们要高度重视，认真解决。要引导教师把教书育人和自我修养结合起来，做到以德立身、以德立学、以德施教。

节选自《在北京大学师生座谈会上的讲话》，《人民日报》2018 年 5 月 3 日

　　建设社会主义现代化强国，对教师队伍建设提出新的更高要求，也对全党全社会尊师重教提出新的更高要求。人民教师无上光荣，每个教师都要珍惜这份光荣，爱惜这份职业，严格要求自己，不断完善自己。做老师就要执着于教书育人，有热爱教育的定力、淡泊名利的坚守。随着办学条件不断改善，教育投入要更多向教师倾斜，不断提高教师待遇，让广大教师安心从教、热心从教。对教师队伍中存在的问题，要坚决依法依纪予以严惩。

节选自《坚持中国特色社会主义教育发展道路 培养德智体美劳全面发展的社会主义建设者和接班人》，《人民日报》2018 年 9 月 11 日

对模范教师先进事迹作出的批示

李保国同志35年如一日,坚持全心全意为人民服务的宗旨,长期奋战在扶贫攻坚和科技创新第一线,把毕生精力投入到山区生态建设和科技富民事业之中,用自己的模范行动彰显了共产党员的优秀品格,事迹感人至深。李保国同志堪称新时期共产党人的楷模,知识分子的优秀代表,太行山上的新愚公。广大党员、干部和教育、科技工作者要学习李保国同志心系群众、扎实苦干、奋发作为、无私奉献的高尚精神,自觉为人民服务、为人民造福,努力做出无愧于时代的业绩。

节选自《自觉为人民服务为人民造福 努力做出无愧于时代的业绩》,《人民日报》2016年6月13日

黄大年同志秉持科技报国理想,把为祖国富强、民族振兴、人民幸福贡献力量作为毕生追求,为我国教育科研事业作出了突出贡献,他的先进事迹感人肺腑。

我们要以黄大年同志为榜样,学习他心有大我、至诚报国的爱国情怀,学习他教书育人、敢为人先的敬业精神,学习他淡泊名利、甘于奉献的高尚情操,把爱国之情、报国之志融入祖国改革发展的伟大事业之中、融入人民创造历史的伟大奋斗之中,从自己做起,

从本职岗位做起,为实现"两个一百年"奋斗目标、实现中华民族伟大复兴的中国梦贡献智慧和力量。

节选自《习近平对黄大年同志先进事迹作出重要指示》,《人民日报》2017年5月26日

第二部分

强制度·政策悉知篇

中共中央　国务院关于弘扬教育家精神加强新时代高素质专业化教师队伍建设的意见

（2024年8月6日）

教师是立教之本、兴教之源，强国必先强教，强教必先强师。为大力弘扬教育家精神，加强新时代高素质专业化教师队伍建设，进一步营造尊师重教良好氛围，现提出如下意见。

一、总体要求

坚持以习近平新时代中国特色社会主义思想为指导，深入贯彻党的二十大和二十届二中、三中全会精神，坚持党对教育事业的全面领导，贯彻新时代党的教育方针，落实立德树人根本任务，把加强教师队伍建设作为建设教育强国最重要的基础工作来抓，强化教育家精神引领，提升教师教书育人能力，健全师德师风建设长效机制，深化教师队伍改革创新，加快补齐教师队伍建设突出短板，强化高素质教师培养供给，优化教师资源配置，打造一支师德高尚、业务精湛、结构合理、充满活力的高素质专业化教师队伍，为加快教育现代化、建设教育强国、办好人民满意的教育提供坚强支撑。

工作中要坚持教育家精神铸魂强师，引导广大教师坚定心有大我、至诚报国的理想信念，陶冶言为士则、行为世范的道德情操，涵养启智润心、因材施教的育人智慧,秉持勤学笃行、求是创新的躬耕态度,勤修乐教爱生、甘于奉献的仁爱之心,树立胸怀天下、以文化人的弘道追求,践行教师群体共同价值追求。坚持教育家精神培育涵养,融入教师培养、发展,构建日常浸润、项目赋能、平台支撑的教师发展良好生态。坚持教育家精神弘扬践行,贯穿教师课堂教学、科学研究、社会实践等各环节,筑牢教育家精神践行主阵地。坚持教育家精神引领激励,建立完善教师标准体系,纳入教师管理评价全过程,引导广大教师将教育家精神转化为思想自觉、行动自觉。

经过3至5年努力,教育家精神得到大力弘扬,高素质专业化教师队伍建设取得积极成效,教师立德修身、敬业立学、教书育人呈现新风貌,尊师重教社会氛围更加浓厚。到2035年,教育家精神成为广大教师的自觉追求,实现教师队伍治理体系和治理能力现代化,数字化赋能教师发展成为常态,教师地位巩固提高,教师成为最受社会尊重和令人羡慕的职业之一,形成优秀人才争相从教、优秀教师不断涌现的良好局面。

二、加强教师队伍思想政治建设

(一)加强理想信念教育。建立健全教师定期理论学习制度,坚持不懈用习近平新时代中国特色社会主义思想凝心铸魂。持续抓好党史、新中国史、改革开放史、社会主义发展史学习教育。统筹各级各类党校(行政学院)等资源,定期开展教师思想政治轮训,增进广大教师对中国共产党和中国特色社会主义的政治认同、思想认同、理论认同、情感认同。

(二)加强教师队伍建设党建引领。把党的政治建设摆在首位,牢牢掌握党对教师队伍建设的领导权。选优配强教师党支部书记,强化教师党支部书记"双带头人"培育,充分发挥教师、师范生党支部的战斗堡垒作用和党员教师的先锋模范作用。注意做好在高层次人才、优秀青年教师、少先队辅导员和海外留学归国教师中发展党员工作,落实好"三会一课"等党的组织生活制度,把教师紧密团结在党的周围。坚持党建带群建,加强青年教师思想政治引领。

三、涵养高尚师德师风

(三)坚持师德师风第一标准。将思想政治和师德要求纳入教师聘用合同,在教师聘用工作中严格考察把关。将师德表现作为教师资格准入、招聘引进、职称评聘、导师遴选、评优奖励、项目申报等的首要要求。各级组织人事和教育部门将师德师风建设纳入学校基层党建述职评议考核、领导班子和领导人员考核及全面从严治党任务清单,与教育督导、重大人才工程评选、教育教学评估、学位授权审核、学位授权点评估等挂钩。学校主要负责人要认真履行师德师风建设第一责任人职责,压实高校院(系)主要负责人责任。

(四)引导教师自律自强。引导广大教师自觉践行教育家精神,模范遵守宪法和法律法规,依法履行教师职责,坚决抵制损害党中央权威、国家利益的言行;模范遵守新时代教师职业行为准则,自觉捍卫教师职业尊严;模范遵守社会公德,形象得体、言行雅正。加强科研诚信与优良教风学风建设,坚决抵制学术不端,营造风清气正的学术生态。通过典型案例强化警示教育。

(五)加强师德师风培养。把学习贯彻习近平总书记关于教育的重要论述作为教师培养的必修课,作为教师教育和培训的重要任务,使广大教师把握其深刻内涵、做到知行合一。将师德师风和教育家精神融入教师教育课程和教师培养培训全过程。开发教育家精神课程教材资源。用好国家智慧教育公共服务平台,开展师德师风和教育家精神专题研修。有计划地组织教师参加革命传统教育、国情社情考察、社会实践锻炼,引导教师在理论与实践中涵养高尚师德和教育家精神。

(六)坚持师德违规"零容忍"。依规依纪依法查处师德违规行为,对群众反映强烈、社会影响恶劣的严重师德违规行为,从严从重给予处理处分。落实教职员工准入查询和从业禁止制度。各地各高校要将师德师风建设作为教育系统巡视巡察和督查检查的重要内容。坚持失责必问、问责必严,对相关单位和责任人落实师德师风建设责任不到位、造成严重后果或恶劣影响的,予以严肃问责。

四、提升教师专业素养

(七)健全中国特色教师教育体系。大力支持师范院校建设,全面提升师范教育水平。坚持师范院校教师教育第一职责,强化部属师范大学引领,大力支持师范院校"双一流"建设。以国家优秀中小学教师培养计划为引领,支持"双一流"建设高校为代表的高水平院校为中小学培养研究生层次优秀教师。实施师范教育协同提质计划。优化师范生公费教育政策。深化实施中西部欠发达地区优秀教师定向培养计划。优化师范院校评估指标,改革师范类专业认证,支持师范专业招生实施提前批次录取,推进培养模式改革。师范院校普遍建立数学、科技、工程类教育中心,加强师范生科技史教育,提高科普传播能力。加大对师范类专业研究生学位授权审核的支持力度。加强培养基本条件和实践基地建设。加强英才教育师资培养。强化紧缺领域师资培养。

(八)提高教师学科能力和学科素养。将学科能力和学科素养作为教师教书育人的基础,贯穿教师发展全过程。推动相关高校优化课程设置,精选课程内容,夯实师范生坚实的学科基础。在中小学教师培训中强化学科素养提升,推动教师更新学科知识,紧跟学科发展。加强中小学学科领军教师培训,培育一批引领基础教育学科教学改革的骨干。将高校教师学科能力和学科素养提升作为学科建设的重要内容,推动教师站在学科前沿开展教学、科研,创新教学模式方法。适应基础学科、新兴学科、交叉学科发展趋势,支持高校教师开展跨学科学习与研究,加强学科领军人才队伍建设,发挥引领带动作用。

(九)提升教师教书育人能力。强化高层次教师培养,为幼儿园、小学重点培养本科及以上层次教师,中学教师培养逐步实现以研究生层次为主。实施教师学历提升计划。强化中小学名师名校长培养。完善实施中小学教师国家级培训计划,完善教师全员培训制度和体系,加强乡村教师培训,提升乡村教师能力素质。推进中小学教师科学素质提升。支持高水平大学与高等职业院校、企业联合开展职业教育教师一体化培养培训,优化实施职业院校教师素质提高计划。推动高校将博士后作为教师重要来源。健全高校教师发展支持服务体系。实施数字化赋能教师发展行动,推动教师积极应对新技术变革,着眼未来培养人才。

(十)优化教师管理和资源配置。完善国家教师资格制度,建立完善符合教育行业特点的教师招聘制度,严把教师入口关。深化职称制度改革,优化教师岗位结构比例。职称评聘向乡村教师倾斜。适应小班化、个性化教学需要,优化教师资源配置。加强科学和体育美育等紧缺薄弱学科教师配备,强化思政课教师和辅导员队伍配备管理。优化中小学教师"县管校聘"管理机制。深入实施教育人才"组团式"支援帮扶计划、国家银龄教师行动计划、乡村首席教师岗位计划等。建立健全高校产业兼职教师管理和教师企业实践制度。

(十一)营造教育家成长的良好环境。倡导教育家办学,落实学校办学自主权,鼓励支持教师和校长创新教育思想、教育模式、教育方法,形成教学特色和办学风格。推进教师评价改革,突出教育教学实绩,注重凭能力、实绩和贡献评价教师,坚决克服唯分数、唯升学、唯文凭、唯论文、唯帽子等现象,推进发展性评价。强化国家重大战略任务和重大人才工程引领,高层次人才遴选和培育突出教书育人导向,让科学家同时成为教育家,充分发挥科学家在人才培养中的重要作用,将教育家精神、科学家精神、工匠精神等相融汇,提升教书育人质量。

五、加强教师权益保障

(十二)加大各级各类教师待遇保障力度。健全中小学教师工资长效联动机制,巩固义务教育教师平均工资收入水平不低于当地公务员平均工资收入水平成果,强化高中、幼儿园教师工资待遇保障。落实好工资、社会保险等各项政策。研究提高教龄津贴标准。落实好乡村教师生活补助政策。加大教师培训经费投入力度。保障教师课后服务工作合理待遇。加强乡村教师周转宿舍建设。

（十三）维护教师合法权益。维护教师教育惩戒权，支持教师积极管教。学校和有关部门要依法保障教师履行教育职责。依法惩处对教师的侮辱、诽谤、恶意炒作等言行，构成犯罪的，依法追究刑事责任。学校和教育部门要支持教师维护合法权益。大力减轻教师负担，统筹规范社会事务进校园，精简督查检查评比考核事项，为中小学、高校教师和科研人员减负松绑，充分保证教师从事主责主业。

六、弘扬尊师重教社会风尚

（十四）厚植尊师重教文化。提高教师地位，支持和吸引优秀人才热心从教、精心从教、长期从教、终身从教。推进全社会涵养尊师文化，提振师道尊严，注重尊师教育，开展尊师活动，将尊师文化融入学生日常言行。发扬"传帮带"传统，通过教师入职、晋升、荣休等活动，浸润传承教育家精神。支持自然人、法人或其他组织采取多种方式尊师重教，形成良好社会氛围。

（十五）加大教师荣誉表彰力度。加强对优秀教师激励奖励，完善相关制度。对作出突出贡献的教师集体和个人，按照有关规定给予表彰奖励，表彰奖励向乡村教师倾斜。

（十六）创新开展教师宣传工作。宣传优秀教师典型。鼓励支持教育家精神研究，形成一批高质量学术成果。强化教育、教师题材文艺作品创作，推出更多讴歌优秀教师、弘扬教育家精神的文艺精品。用好新媒体等渠道，拓展教师宣传阵地。依托博物馆、展览馆和文化馆等，开展教育家精神主题展览。加强教师相关新闻舆论引导和监督，激浊扬清、弘扬正气。

（十七）讲好中国教育家故事。深入实施学风传承行动等活动,传播教育家思想、展现教育家风貌。将弘扬教育家精神纳入国际传播话语体系,搭建国际交流合作平台,讲好中国教育家故事,传播中国教育声音,贡献中国教育智慧。

各级党委和政府要高度重视教师队伍建设,结合实际抓好本意见贯彻落实,形成齐抓共管的工作格局。各级各类学校要将高素质专业化教师队伍建设作为学校发展的关键基础性工作,健全工作机制,强化工作保障。各级领导干部要深入学校了解教师情况,为广大教师办实事、解难事。

（来源：中华人民共和国教育部网站）

新时代高校教师职业行为十项准则

教师〔2018〕16号

教师是人类灵魂的工程师,是人类文明的传承者。长期以来,广大教师贯彻党的教育方针,教书育人,呕心沥血,默默奉献,为国家发展和民族振兴作出了重大贡献。新时代对广大教师落实立德树人根本任务提出新的更高要求,为进一步增强教师的责任感、使命感、荣誉感,规范职业行为,明确师德底线,引导广大教师努力成为有理想信念、有道德情操、有扎实学识、有仁爱之心的好老师,着力培养德智体美劳全面发展的社会主义建设者和接班人,特制定以下准则。

一、坚定政治方向。坚持以习近平新时代中国特色社会主义思想为指导,拥护中国共产党的领导,贯彻党的教育方针;不得在教育教学活动中及其他场合有损害党中央权威、违背党的路线方针政策的言行。

二、自觉爱国守法。忠于祖国,忠于人民,恪守宪法原则,遵守法律法规,依法履行教师职责;不得损害国家利益、社会公共利益,或违背社会公序良俗。

三、传播优秀文化。带头践行社会主义核心价值观,弘扬真善美,传递正能量;不得通过课堂、论坛、讲座、信息网络及其他渠道发表、转发错误观点，或编造散布虚假信息、不良信息。

四、潜心教书育人。落实立德树人根本任务，遵循教育规律和学生成长规律，因材施教，教学相长；不得违反教学纪律，敷衍教学，或擅自从事影响教育教学本职工作的兼职兼薪行为。

五、关心爱护学生。严慈相济，诲人不倦，真心关爱学生，严格要求学生，做学生良师益友；不得要求学生从事与教学、科研、社会服务无关的事宜。

六、坚持言行雅正。为人师表，以身作则，举止文明，作风正派，自重自爱；不得与学生发生任何不正当关系，严禁任何形式的猥亵、性骚扰行为。

七、遵守学术规范。严谨治学，力戒浮躁，潜心问道，勇于探索，坚守学术良知，反对学术不端；不得抄袭剽窃、篡改侵吞他人学术成果，或滥用学术资源和学术影响。

八、秉持公平诚信。坚持原则，处事公道，光明磊落，为人正直；不得在招生、考试、推优、保研、就业及绩效考核、岗位聘用、职称评聘、评优评奖等工作中徇私舞弊、弄虚作假。

九、坚守廉洁自律。严于律己，清廉从教；不得索要、收受学生及家长财物，不得参加由学生及家长付费的宴请、旅游、娱乐休闲等活动，或利用家长资源谋取私利。

十、积极奉献社会。履行社会责任，贡献聪明才智，树立正确义利观；不得假公济私，擅自利用学校名义或校名、校徽、专利、场所等资源谋取个人利益。

教育部

2018 年 11 月 8 日

教育部关于高校教师师德失范行为处理的指导意见

教师〔2018〕17号

为进一步规范高校教师履职履责行为,落实立德树人根本任务,弘扬新时代高校教师道德风尚,努力建设有理想信念、有道德情操、有扎实学识、有仁爱之心的高校教师队伍,现就教师违反《高等学校教师职业道德规范》《教育部关于建立健全高校师德建设长效机制的意见》和《新时代高校教师职业行为十项准则》等规定,发生师德失范行为的处理提出如下指导意见。

一、各高校要严格落实师德建设主体责任,建立完善党委统一领导、党政齐抓共管、牵头部门明确、院(系)具体落实、教师自我约束的工作机制。党委书记和校长抓师德同责,是师德建设第一责任人。院(系)行政主要负责人对本单位师德建设负直接领导责任,院(系)党组织主要负责人也负有直接领导责任。

二、高校教师要自觉加强师德修养,严格遵守师德规范,严以律己,为人师表,把教书育人和自我修养结合起来,坚持以德立身、以德立学、以德施教、以德育德。发生师德失范行为,本人要承担相应责任。

三、对高校教师师德失范行为实行"一票否决"。高校教师出现违反师德行为的,根据情节轻重,给予相应处理或处分。情节较轻的,给予批评教育、诫勉谈话、责令检查、通报批评,以及取消其在评奖评优、职务晋升、职称评定、岗位聘用、工资晋级、干部选任、申报人才计划、申报科研项目等方面的资格。担任研究生导师的,还应采取限制招生名额、停止招生资格直至取消导师资格的处理。以上取消相关资格处理的执行期限不得少于24个月。情节较重应当给予处分的,还应根据《事业单位工作人员处分暂行规定》给予行政处分,包括警告、记过、降低岗位等级或撤职、开除,需要解除聘用合同的,按照《事业单位人事管理条例》相关规定进行处理。情节严重、影响恶劣的,应当依据《教师资格条例》报请主管教育部门撤销其教师资格。是中共党员的,同时给予党纪处分。涉嫌违法犯罪的,及时移送司法机关依法处理。

四、对师德失范行为的处理,应坚持公平公正、教育与惩处相结合的原则,做到事实清楚、证据确凿、定性准确、处理适当、程序合法、手续完备。

五、高校要建立健全师德失范行为受理与调查处理机制,指定或设立专门组织负责,明确受理、调查、认定、处理、复核、监督等处理程序。在教师师德失范行为调查过程中,应听取教师本人的陈述和申辩,同时当事各方均不应公开调查的有关内容。教师对处理决定不服的,按照国家有关规定提出复核、申诉。对高校教师的处理,在期满后根据悔改表现予以延期或解除,处理决定和处理解除决定都应完整存入个人人事档案。

六、高校师德师风建设要坚持权责对等、分级负责、层层落实、失责必问、问责必严的原则。对于相关单位和责任人不履行或不正确履行职责,有下列情形之一的,根据职责权限和责任划分进行问责:

（一）师德师风制度建设、日常教育监督、舆论宣传、预防工作不到位；

（二）师德失范问题排查发现不及时；

（三）对已发现的师德失范行为处置不力、方式不当；

（四）已作出的师德失范行为处理决定落实不到位，师德失范行为整改不彻底；

（五）多次出现师德失范问题或因师德失范行为引起不良社会影响；

（六）其他应当问责的失职失责情形。

七、教师出现师德失范问题，所在院（系）行政主要负责人和党组织主要负责人需向学校分别做出检讨，由学校依据有关规定视情节轻重采取约谈、诫勉谈话、通报批评、纪律处分和组织处理等方式进行问责。

八、教师出现师德失范问题，学校需向上级主管部门做出说明，并引以为戒，进行自查自纠与落实整改。如有学校反复出现师德失范问题，分管校领导应向学校做出检讨，学校应在上级主管部门督导下进行整改。

九、各地各校应当依据本意见制定高校教师师德失范行为负面清单及处理办法，并报上级主管部门备案。

十、民办高校的劳动人事管理执行《中华人民共和国劳动合同法》规定，对教师师德失范行为的处理，遵照本指导意见执行。

教育部

2018 年 11 月 8 日

教育部等七部门印发《关于加强和改进新时代师德师风建设的意见》的通知

教师〔2019〕10号

为深入贯彻落实习近平总书记关于教育的重要论述和全国教育大会精神,落实《新时代公民道德建设实施纲要》和《中共中央国务院关于全面深化新时代教师队伍建设改革的意见》,加强和改进新时代师德师风建设,倡导全社会尊师重教,教育部、中央组织部、中央宣传部、国家发展改革委、财政部、人力资源社会保障部、文化和旅游部研究制定了《关于加强和改进新时代师德师风建设的意见》。

关于加强和改进新时代师德师风建设的意见

为认真贯彻落实《新时代公民道德建设实施纲要》,深入推进实施《中共中央 国务院关于全面深化新时代教师队伍建设改革的意见》,全面提升教师思想政治素质和职业道德水平,现就加强和改进新时代师德师风建设提出如下意见。

一、加强师德师风建设的总体要求

1.指导思想

以习近平新时代中国特色社会主义思想为指导,深入学习贯彻习近平总书记关于教育的重要论述和全国教育大会精神,把立德树人的成效作为检验学校一切工作的根本标准,把师德师风作为评价教师队伍素质的第一标准,将社会主义核心价值观贯穿师德师风建设全过程,严格制度规定,强化日常教育督导,加大教师权益保护力度,倡导全社会尊师重教,激励广大教师努力成为"四有"好老师,着力培养德智体美劳全面发展的社会主义建设者和接班人。

2.基本原则

——坚持正确方向。加强党对教育工作的全面领导,坚持社会主义办学方向,确保教师在落实立德树人根本任务中的主体作用得到全面发挥。

——坚持尊重规律。遵循教育规律、教师成长发展规律和师德师风建设规律,注重高位引领与底线要求结合、严管与厚爱并重,不断激发教师内生动力。

——坚持聚焦重点。围绕重点内容,针对突出问题,强化各地各部门的领导责任,压实学校主体责任,引导家庭、社会协同配合,推进师德师风建设工作制度化、常态化。

——坚持继承创新。传承中华优秀师道传统,全面总结改革开放特别是党的十八大以来师德师风建设经验,适应新时代变化,加强创新,推动师德师风建设工作不断深化。

3.总体目标。经过5年左右努力,基本建立起完备的师德师风建设制度体系和有效的师德师风建设长效机制。教师思想政治素质和职业道德水平全面提升,教师敬业立学、崇德尚美呈现新风貌。教师权益保障体系基本建立,教师安心、热心、舒心、静心从教的良好环境基本形成,师道尊严进一步提振。全社会对教师职业认同度加深,教师政治地位、社会地位、职业地位显著提高,尊师重教蔚然成风。

二、全面加强教师队伍思想政治工作

4.坚持思想铸魂,用习近平新时代中国特色社会主义思想武装教师头脑。健全教师理论学习制度,开展习近平新时代中国特色社会主义思想系统化、常态化学习,重点加强习近平总书记关于教育的重要论述的学习,使广大教师学懂弄通、入脑入心,自觉用"四个意识"导航,用"四个自信"强基,用"两个维护"铸魂。依托高水平高校建设一批教育基地,同时统筹党校(行政学院)资源,定期开展教师思想政治轮训,使广大教师更好掌握马克思主义立场观点方法,认清中国和世界发展大势,增进对中国特色社会主义的政治认同、思想认同、理论认同、情感认同。

5.坚持价值导向,引导教师带头践行社会主义核心价值观。将社会主义核心价值观融入教育教学全过程,体现到学校管理及校园文化建设各环节,进一步凝聚起师生员工思想共识,使之成为共同价值追求。弘扬中华优秀传统文化、革命文化和社会主义先进文化,培育科技创新文化,充分发挥文化涵养师德师风功能。身教重于言教,引导教师开展社会实践,深入了解世情、党情、国情、社情、民情,强化教育强国、教育为民的责任担当。健全教师志愿服务制度,鼓励支持广大教师参加志愿服务活动,在服务社会的实践中厚植教育情怀。重视高层次人才、海外归国教师、青年教师的教育引导,增强工作针对性。

6.坚持党建引领,充分发挥教师党支部和党员教师作用。建强教师党支部,使教师党支部成为涵养师德师风的重要平台。建好党员教师队伍,使党员教师成为践行高尚师德的中坚力量。重视在高层次人才和优秀青年教师中发展党员工作,完善学校领导干部联系教师入党积极分子等制度。开展好"三会一课",健全党的组织生活各项制度,通过组织集中学习、定期开展主题党日活动、经常开展谈心谈话、组织党员教师与非党员教师结对联系等,充分发挥教师党支部的战斗堡垒作用和党员教师的先锋模范作用。涉及教师利益的重要事项、重点工作,应征求教师党支部意见。

三、大力提升教师职业道德素养

7.突出课堂育德,在教育教学中提升师德素养。充分发挥课堂主渠道作用,引导广大教师守好讲台主阵地,将立德树人放在首要位置,融入渗透到教育教学全过程,以心育心、以德育德、以人格育人格。把握学生身心发展规律,实现全员全过程全方位育人,增强育人的主动性、针对性、实效性,避免重教书轻育人倾向。加强对新入职教师、青年教师的指导,通过老带新等机制,发挥传帮带作用,使其尽快熟悉教育规律、掌握教育方法,在育人实践中锤炼高尚道德情操。将师德师风教育贯穿师范生培养及教师生涯全过程,师范生必须修学师德教育课程,在职教师培训中要确保每学年有师德师风专题教育。

8.突出典型树德,持续开展优秀教师选树宣传。大力宣传新时代广大教师阳光美丽、爱岗敬业、甘于奉献、改革创新的新形象。

深入挖掘优秀教师典型,综合运用授予荣誉、事迹报告、媒体宣传、创作文艺作品等手段,充分发挥典型引领示范和辐射带动作用。开展多层次的优秀教师选树宣传活动,形成校校有典型、榜样在身边、人人可学可做的局面。组织教师中的"时代楷模"、全国教书育人楷模、国家教学名师、最美教师等开展师德宣讲。鼓励各地各校采取实践反思、情景教学等形式,把一线优秀教师请进课堂,用真人真事诠释师德内涵。

9.突出规则立德,强化教师的法治和纪律教育。以学习《中华人民共和国教师法》、新时代教师职业行为十项准则系列文件等为重点,提高全体教师的法治素养、规则意识,提升依法执教、规范执教能力。制订教师法治教育大纲,将法治教育纳入各级各类教师培训体系。强化纪律建设,全面梳理教师在课堂教学、关爱学生、师生关系、学术研究、社会活动等方面的纪律要求,依法依规健全规范体系,开展系统化、常态化宣传教育。加强警示教育,引导广大教师时刻自重、自省、自警、自励,坚守师德底线。

四、将师德师风建设要求贯穿教师管理全过程

10.严格招聘引进,把好教师队伍入口。规范教师资格申请认定,完善教师招聘和引进制度,严格思想政治和师德考察,充分发挥党组织的领导和把关作用,建立科学完备的标准、程序,坚决避免教师招聘引进中的唯分数、唯文凭、唯职称、唯论文、唯帽子等倾向。鼓励有条件的地方和学校结合实际探索开展拟聘人员心理健康测评,作为聘用的重要参考。严格规范教师聘用,将思想政治和师德要求纳入教师聘用合同。加强试用期考察,全面评价聘用人

员的思想政治和师德表现,对不合格人员取消聘用,及时解除聘用合同。高度重视从海外引进人才的全方位考察,提升人才引进质量。

11.严格考核评价,落实师德第一标准。将师德考核摆在教师考核的首要位置,坚持多主体多元评价,以事实为依据,定性与定量相结合,提高评价的科学性和实效性,全面客观评价教师的师德表现。发挥师德考核对教师行为的约束和提醒作用,及时将考核发现的问题向教师反馈,并采取针对性举措帮助教师提高认识、加强整改。强化师德考核结果的运用,师德考核不合格者年度考核应评定为不合格,并取消在教师职称评聘、推优评先、表彰奖励、科研和人才项目申请等方面的资格。

12.严格师德督导,建立多元监督体系。完善多方广泛参与、客观公正科学合理的师德师风监督机制。加强政府督导,将各级各类学校师德师风建设长效机制落实情况作为对地方政府履行教育职责评价的重要测评内容,针对群众反映强烈的问题、师德师风问题多发的地方开展专项督导。加强学校监督,各级各类学校要在校园显著位置公示学校及教育主管部门举报电话、邮箱等信息,依法依规接受监督举报。强化社会监督,探索建立师德师风监督员制度,定期对学校师德师风建设情况进行监督评议,向教育主管部门反馈,将监督评议情况作为学校及领导班子年度考核的重要内容。

13.严格违规惩处,治理师德突出问题。推动地方和高校落实新时代教师职业行为十项准则等文件规范,制定具体细化的教师职业行为负面清单。把群众反映强烈、社会影响恶劣的突出问题作为重点从严查处,针对高校教师性骚扰学生、学术不端以及中小学教师违规有偿补课、收受学生和家长礼品礼金等开展集中治理。一经查实,要依规依纪给予组织处理或处分,严重的依法撤销教师资格、清除出教师队伍。建立师德失范曝光平台,健全师德违规通报制度,起到警示震慑作用。建立并共享有关违法信息库,健全教师入职查询制度和有关违法犯罪人员从教限制制度。

五、着力营造全社会尊师重教氛围

14.强化地位提升,激发教师工作热情。制定教育改革发展和教师队伍建设重大决策、重要文件充分听取教师代表意见。各地重要节庆日活动,邀请优秀教师代表参加。做好优秀教师表彰奖励,依法依规在作出重大贡献、享有崇高声誉的教师中开展"人民教育家"荣誉称号评选授予工作,健全教书育人楷模、模范教师、优秀教师等多元的教师荣誉表彰体系。完善表彰奖励及管理办法,依法依规确定荣誉获得者享受的政治、生活待遇,加强对荣誉获得者后续支持服务。

15.强化权利保护,维护教师职业尊严。维护教师依法执教的职业权利,推动完善相关法律法规,明确教师教育管理学生的合法职权,研究出台教师惩戒权办法。学校和相关部门依法保障教师履行教育职责,对无过错但客观上发生学生意外伤害的,教师依法不承担责任。教师尊严不可侵害,对发生学生、家长及其亲属等因为教师履职行为而对教师进行侮辱、谩骂、肢体侵害,或者通过网络对教师进行诽谤、恶意炒作等行为,有关部门要高度重视,从严处理,构成违法犯罪的,依法追究相应责任。学校及教育部门应为教师维护合法权益提供必要的法律等方面支持。

16.强化尊师教育,厚植校园师道文化。从幼儿园开始加强尊师教育,加快形成接续我国优秀传统、符合时代精神的尊师重教文化。推进尊师文化进教材、进课堂、进校园,通过尊师第一课、9月尊师主题月等形式,将尊师重教观念渗透进学生的价值体系。有条件的地方和学校可结合实际统筹有关资源,因地制宜安排一线教师特别是长期从教教师进行疗休养,重点向符合条件的班主任和乡村教师倾斜。做好教师荣休工作,礼敬退休教师,弘扬尊师风尚。建立健全教职工代表大会制度,保障教师参与学校决策的民主权利。加强家庭教育,健全家校联系制度,引导家长尊重学校教育安排,尊敬教师创造发挥,配合学校做好学生的学习教育。

17.强化各方联动,营造尊师重教氛围。加强展现新时代教师风貌的影视文学作品创作,善用微博、微信、微视频、微电影等新媒体形式,传递教师正能量,让全社会广泛了解教师工作的重要性和特殊性。支持鼓励行业企业在向社会公众提供服务时"教师优先"。鼓励图书馆、博物馆、科技馆、体育场馆以及历史文化古迹和革命纪念馆(地)等对教师实行优待。鼓励社会团体、企业、民间组织对教师出资奖励,或通过依法成立基金、设立项目等方式,支持教师提升能力素质、进行疗休养或予以奖励激励。

六、推进师德师风建设任务落到实处

18.加强工作保障,强化责任落实。各地各校要把加强师德师风建设、弘扬尊师重教传统作为教师队伍建设的首要任务,夯实学校主体责任,压实学校主要负责人第一责任人责任。高校要强化党委教师工作部建设,明确将教师思想政治和师德师风建设作为其主要职责。各地各校要建立健全责任落实机制,坚持失责必问、问责必严。财政部门要坚持将教师队伍建设作为教育投入重点予以优先保障,按规定统筹现有资金渠道支持师德师风建设。依托现有资源,建设一批师德师风建设基地,加强工作支撑,提高师德师风建设工作的科学性、实效性。

教育部 中央组织部 中央宣传部

国家发展改革委 财政部

人力资源社会保障部 文化和旅游部

2019年11月15日

中共教育部党组《关于完善高校教师思想政治和师德师风建设工作体制机制的指导意见》

教党〔2021〕79号

部属各高等学校党委：

为贯彻落实习近平总书记关于教育的重要论述，深入落实《中共中央 国务院关于加强和改进新形势下高校思想政治工作的意见》《中共中央 国务院关于全面深化新时代教师队伍建设改革的意见》要求，进一步加强党对高校教师工作的领导，完善教师思想政治和师德师风建设工作体制机制，落实师德师风第一标准，建设政治素质过硬、业务能力精湛、育人水平高超的高素质教师队伍，提出如下指导意见。

一、目标任务

完善党对高校教师工作领导的制度，准确把握新时期知识分子特点，构建党委集中统一领导，党政齐抓共管，教师工作部门统筹协调，各部门履职尽责、协同配合的大教师工作格局。建立健全学校党委、院（系）党组织、教师党支部三级联动的教师工作机制，强化基层党组织在教师思想政治和师德师风建设工作中的作用。建实建强党委教师工作部，选优配齐专职工作队伍，不断提升教师思想政治和师德师风建设工作水平。通过一系列完善体制机制的举措,引导广大教师在实现第二个百年奋斗目标新征程上,坚定为党育人、为国育才初心使命,争做"四有"好老师,努力成为"大先生",把为学、为事、为人统一起来,为培养德智体美劳全面发展的社会主义建设者和接班人作出新的更大贡献。

二、加强高校党委对教师工作的领导

1.强化党委统一领导。高校党委要把教师思想政治和师德师风建设作为重要的基础工作,始终将党的领导贯穿教师队伍建设全过程,以正确的政治方向和价值导向引领教师思想政治素质、师德素养和业务能力全面提升。高校党委常委会每学期至少研究1次教师思想政治和师德师风建设工作。学校主要负责人是学校教师工作的第一责任人,分管教师思想政治和师德师风建设工作的负责人是直接责任人,其他班子成员要履行"一岗双责",分工负责、履职尽责、狠抓落实。

2.成立党委教师工作委员会。高校成立由党委书记任主任,分管负责人任副主任,党委教师工作部及组织、宣传、统战、纪检监察、人事、教学、科研、工会等相关部门组成的党委教师工作委员会,在学校党委领导下,研究审议学校教师思想政治和师德师风建设工作重大事项,指导相关部门开展工作。学校要理顺党委教师工作委员会与其他现有工作机构间的运行关系和职能划分。党委教师工作委员会各成员单位要明确工作职责,完善工作机制,确保任务落实。委员会办公室设在党委教师工作部,代表党委履行党管教师工作的职能,统筹协调学校教师思想政治和师德师风建设工作。

三、进一步发挥党委教师工作部作用

3.制定制度规范和工作规划。牵头制定教师思想政治和师德师风建设相关规章制度,推动制度体系建设。制定学校关于教师思想政治和师德师风建设工作规划等,明确工作目标、任务和部门分工。

4.统筹开展教师思想政治和师德师风教育。会同相关部门加强教职工政治理论学习制度体系建设,注重运用新技术手段,强化思想引领。加强社会主义核心价值观教育,进一步凝聚思想共识,使之成为全体教师的共同价值追求。加强新时代高校教师职业行为十项准则教育,使教师做到应知应会并转化为行动自觉。强化教师法治教育,提升依法执教、规范执教能力。加强党史、新中国史、改革开放史、社会主义发展史和中华优秀传统文化、革命文化、社会主义先进文化的学习教育,充分发挥历史文化涵养师德师风功能。组织各类社会实践活动,引导教师深入了解世情、党情、国情、社情、民情。

5.实施师德考核评价。将教师思想政治素质和师德师风作为教师招聘引进、职称评审、岗位聘用、导师遴选、评优奖励、聘期考核、项目申报等的首要要求和第一标准。严格教师思想政治和师德考核,注重运用考核结果,考核不合格者年度考核评定为不合格,并取消在教师职称评聘、岗位聘用、评优奖励、项目申报和研究生招生等方面的资格。指导院(系)开展教师思想政治和师德考核评价,定期提交考核报告。

6.统筹开展教师激励工作。建立健全教师荣誉制度,选树表彰优秀教师,讲好师德故事,发挥优秀典型示范引领作用。组织好教师节、教师入职、评优评先、教师荣休等重要节点活动,强化尊师教育,厚植师道文化。加强对教师的人文关怀,强化权益保护,维护教师职业尊严。协同完善教师发展体系,推动解决教师实际问题,增强教师的幸福感、获得感。

7.统筹师德违规惩处工作。协调学校相关部门按照职能分工对师德失范行为进行调查处理,督促处理决定落实。健全师德违规通报制度,加强案例分析和警示教育。定期向主管部门报送学校师德违规处理情况。对因严重师德违规问题撤销教师资格和违法犯罪丧失教师资格的人员录入教师资格限制库,实行教育全行业禁入。

四、加强相关部门协同

8.加强部门分工协作。学校党委组织部要发挥教师党支部在教师思想政治和师德师风建设中的作用,加强对优秀教师的政治引领和政治吸纳。党委宣传部要加强教师意识形态工作和政治理论学习,大力宣传优秀教师典型。党委统战部要加强对党外教师的思想引领和团结教育。纪检监察部门要对涉及党员教师违反党纪和监察对象违反政纪的案件依纪依规进行查处,对履职不力的单位或个人进行问责。人事人才部门要在教师管理中将思想政治素质、师德师风和业务能力考察落到实处,严把选聘考核关。教学管理部门要做好教育教学过程中的思想政治和师德师风建设,推动课程思政与思政课程同向同行,提高教师教书育人能力。科研管理部门要抓好科研诚信教育,加强科研经费管理,做好学术不端问题查处。工会组织要维护教师合法权益,加强教师身心关怀。其他相关部门要通力合作,分工负责,共同做好教师思想政治和师德师风建设工作。

9.健全会商协调机制。根据工作需要,召开工作例会、部门联席会、专题会等,传达上级关于教师工作的部署要求,通报教师思想政治和师德师风建设工作情况,研究制度规划、评奖评优、处理处分等重要事项,督促工作进展,交流总结经验,推动工作落实。

10.建立奖惩联动机制。涉及教师的各级各类荣誉表彰事前须由院(系)进行师德审核,向党委教师工作部备案。建立教师违规信息沟通机制,相关部门及时共享线索信息。建立联合调查和处理机制,完善党纪处分、行政处分、师德处理的衔接。注重运用大数据等多种手段分析研判教师思想动态,建立师德电子档案,加强部门间信息共享。

五、压实院(系)直接责任

11.推动教师思想政治建设与业务能力建设相融合。院(系)要切实履行直接责任,贯彻落实师德师风第一标准,严格师德考核评价,常态化推进师德培育涵养。有针对性做好教师思想政治工作,落实教师政治理论学习要求,把思想政治和师德师风建设体现在具体业务中,同谋划、同部署、同推进、同考核。对拟聘新任教师,严把政治关和师德关,推动教师思想政治工作、师德师风建设与业务能力培养相融合。

12.压实院(系)主要负责人责任。院长(系主任)与院(系)党组织书记是院(系)教师思想政治和师德师风建设工作第一责任人,分管负责人为直接责任人。要做好日常提醒和教育,经常性开展谈心谈话,把握教师思想动态,排查问题隐患,重视教师身心健康,关心和解决教师的实际问题。要统筹资源,加强教师思想引导、培训培养、发展咨询、实践锻炼等工作,提高教师思想政治素质和育德育人能力。

13.强化教师党支部政治功能。发挥教师党支部教育管理监督党员和组织宣传凝聚服务广大师生的作用,做好发展教师党员工作,重点加强对青年教师、海外归国教师和高层次人才的政治引领和政治吸纳。党员担任院(系)负责人原则上要有基层党务工作经历。把教师思想政治素质和师德考评作为党支部发挥政治功能的重要抓手,在教师成长和管理各环节发挥政治和师德双把关作用。

六、强化工作保障

14.配齐建强工作力量。优化工作机构设置,有条件成立党委教师工作部的高校,党委教师工作部原则上应作为党委部门单独设置,确需与其他部门合署办公的,应明确职责分工。要选优配齐党委教师工作部专职工作队伍,院(系)要明确分管教师工作的负责人和工作人员。建立专兼职结合的教师思想政治工作队伍,通过培训培养、课题研究、实践锻炼等方式,不断提升工作队伍素质能力和专业水平。

15.强化资源支撑保障。各高校要为开展教师思想政治和师德师风工作提供必要的经费保障,并提供必要的办公场所和教师谈心谈话、团体辅导、交流研讨等思想政治工作专门场地。

16.健全责任落实机制。学校要将开展教师思想政治和师德师风建设情况作为院(系)和相关部门主要负责人年度述职考核的重要内容,作为领导干部选拔任用、培养教育和奖励激励的重要依据,作为评价所在单位年度工作情况的重要参考,作为校内巡视巡察的重要观测点。教育部将直属高校抓落实情况作为高校党委和领导人员政治能力提升的重要指标,通过在部党组常规巡视中继续嵌入开展高校教师思想政治和师德师风建设工作专项检查等方式,督促各项工作落地见效。坚持失责必问、问责必严,根据职责权限和责任划分,对履责不力的相关单位和责任人要依纪依规问责。

中共教育部党组

2021 年 12 月 7 日

渝教工委发布《关于加强和改进高校青年教师思想政治工作的实施意见》

渝教工委〔2013〕80号

各高校：

为深入贯彻党的十八大、2013年全国及市高校党的建设工作会议精神，根据中组部、中宣部、教育部《关于加强和改进高校青年教师思想政治工作的若干意见》精神，结合我市实际，现就切实加强和改进我市高校青年教师思想政治工作提出以下实施意见。

一、充分认识加强和改进高校青年教师思想政治工作的重要意义

青年教师是高校教师队伍的重要组成部分，是推动高等教育事业改革发展、办好人民满意教育的重要力量。他们的思想政治素质和道德情操对学生健康成长具有重要的示范引导作用。加强和改进高校青年教师思想政治工作，对于全面贯彻党的教育方针，培养中国特色社会主义事业合格建设者和可靠接班人具有重大而深远的意义。

当前，我市高校青年教师占教师队伍总量的比例已过半，主体积极健康向上、拥护党的领导和中国特色社会主义道路、爱岗敬业，为推动我市高等教育事业发展，促进大学生成长成才做出了突

出贡献。同时也应看到,少数青年教师政治信仰迷茫、理想信念模糊、职业情感淡化、职业道德弱化、服务意识不强、言行失范、不能为人师表;少数高校对青年教师思想政治工作重视不够、办法不多、效果不佳。全市各高校要充分认识新形势下加强和改进青年教师思想政治教育的重要意义,切实把加强青年教师思想政治工作摆在更加突出的位置,采取更加有力的举措,不断提高青年教师思想政治素质和教书育人能力,为高校科学发展和人才培养提供坚强有力的人才队伍保证。

二、加强和改进青年教师思想政治工作的主要任务

（一）加大青年教师思想政治教育引导力度

1.实施青年教师马克思主义素养提升计划。建立市委教育工委、高校党委、院系三级教育培养体系,组织青年教师系统学习研修马克思主义理论、中国特色社会主义理论体系、形势与政策,帮助广大青年教师系统掌握马克思主义立场、观点、方法,进一步坚定理想信念,不断提高思想政治理论素养,切实增强青年教师对中国特色社会主义的理论认同、政治认同、情感认同。努力在全市高校建设一支总体稳定、结构合理、素质优良、作用突出的青年教师马克思主义者队伍,并在此基础上,选拔一批后备干部,发展一批青年党员教师骨干,遴选一批优秀知识分子骨干。

2.严格青年教师的日常教育和管理。制定完善的日常管理制度、督查制度、考核评价制度。加强对新招聘录用教师思想政治素质的考察,严把入口关。不断完善岗位职责规范,强化青年教师自觉履行教书育人职责意识。加强青年教师个人品德和社会公德教育,规范青年教师日常行为。严格考核评价,将结果运用到评优评

先、职称职务评聘中去。

3.发挥青年教师典型引领作用。定期开展教书育人楷模、师德标兵、最受学生欢迎好老师、青年人才标兵、优秀教育工作者等评选表彰活动,选树青年教师党员先进典型,宣传教书育人先进事迹,挖掘青年教师党员中爱岗敬业的感人事迹,用身边的人和事教育人、感染人,充分发挥先锋模范作用。各高校每年应组织开展师德师风报告会等主题文化活动。

(二)加强青年教师党员队伍建设

4.改进青年教师党员的教育管理。切实加强对青年教师党员的管理,积极探索青年教师党员管理的新机制、新方法。青年教师党员参加党的组织生活每月不少于1次。建立健全党内关怀和帮扶机制,建立并落实党委(党总支)书记与青年教师谈心谈话制度。选好配强教师党支部班子,注重从优秀青年教师中选拔党支部书记。充分发挥教师党支部服务青年教师成长发展的作用,提升党组织对青年教师的凝聚力和感召力。拓宽青年教师党员服务群众渠道,建立党员联系和服务工作体系。推进党内民主建设,提高青年教师党员对党内事务的参与度,增强党内生活的透明度。

5.加大发展青年教师党员工作力度。按照"控制总量、优化结构、提高质量、发挥作用"的总要求,做好在青年教师中发展党员的工作。把教学科研骨干、留学归国青年教师作为高校青年教师党员发展工作的重点。各高校要制定本校《青年教师党建工作规划》。建立青年教师党员发展工作分析制度,防止和避免长期不发展、发展质量不高、发展程序不规范等问题。

(三)推进青年教师师德师风建设

6.强化职业道德教育。把学习贯彻《高等学校教师职业道德规范》作为青年教师师德师风建设的首要任务,定期开展师德规范培养教育,引导青年教师忠诚党的教育事业,以人才培养、科学研究、社会服务和文化传承与创新为己任,以高尚师德、人格魅力和学识风范教育感染学生。在青年教师中定期开展"爱党、爱国、爱校、爱生""我的中国梦"和"做有梦想有追求的重庆人"等主题教育活动,不断增强青年教师的责任感、使命感。

7.加强青年教师学风建设。制定落实《加强高校学风建设管理办法》,坚持学术研究无禁区、课堂讲授有纪律,完善高校,建立健全学术规范和学术不端行为预防查处机制。营造鼓励独立思考、自由探索、勇于创新的良好环境,引导青年教师秉持科学精神、信守科学道德、遵循科研规范、恪守科技伦理。

8.强化青年教师师德考核。把师德建设作为学校工作考核和办学质量评估的重要指标,将师德表现作为教师年度考核、岗位聘任(聘用)、职称评审、评优奖励的首要指标。建立健全青年教师师德考核档案,实行师德表现"一票否决制"。对师德表现失范和有学术不端行为的,依法依规严肃处理。

(四)拓展青年教师思想政治工作途径

9.搭建青年教师的成长平台。建立健全符合高等教育发展规律和青年教师成长特点的高校用人机制和考核评价机制,创造有利条件,为认真履行育人职责、教学科研业绩突出、管理能力出众的青年教师提供晋升机会,纳入学科领军人才和后备干部培养体系。实施青年教师英才计划,全市每年选派一批高校优秀青年教师、学术人才到国内知名高校、党政机关挂职锻炼,选派一定比例的青年教师到国内外知名高校做访问学者。支持青年教师加入教学或科研团队,并精心选配好优秀导师,通过导师示范带动和团队成员相互促进,引导青年教师增强育人意识,提高教学科研能力。

10.创新青年教师网络思想政治工作。加强网络道德建设,强化青年教师网上言行的法律意识和责任意识,提高他们利用网络开展教育教学工作和网络舆论引导的能力。通过网络掌握高校思想动向和舆情,及时发现问题,有效应对涉及青年教师的舆论事件。充分运用电视、校园网、手机报、微博等渠道,主动占领网络思想政治工作阵地,提升运用网络开展青年教师思想政治工作的能力。

11.在实践锻炼中提高青年教师综合素质。引导青年教师广泛参与生产劳动、调查研究、学习考察、志愿服务等各类社会实践活动,发挥实践育人功能。鼓励青年教师兼任学生辅导员、班主任、德育导师,主动参与学生思想政治教育实践,在专业职称职务的晋升上,具有学生思想政治教育工作经历的青年教师同等条件下优先考虑。进一步发挥"青年专家服务行动""青年社会科学工作者下基层""三下乡"等活动的载体作用,帮助青年教师发挥专业知识优势,为社会为基层为群众服务。鼓励青年教师参与产学研合作项目,每名青年教师每年至少参加1次社会实践活动,撰写1篇高质量调研报告。

12.发挥青年教师在学校管理中的作用。创造机会,搭建平台,营造氛围,完善激励机制,不断增强青年教师的主人翁意识,调动青年教师参与学校管理的积极性、主动性和创造性,支持和引导青年教师参与学校管理。通过召开教职工代表大会、参与党组织生活,设立意见箱,开通热线电话,网上开辟专栏互动,党政部门开门纳谏、校领导与教师面对面交流等方式,虚心听取青年教师对教育教学、管理、改革发展等方面的意见和建议,对涉及青年教师切身利益的决策更要充分听取青年教师意见。

13.解决青年教师实际问题。建立健全领导干部联系青年教师、与青年教师谈心谈话制度,及时发现和解决他们在工作和生活中的困难,花大力气帮助解决住房、收入、子女入托入学等实际问题。充分发挥关工委的作用,推行老教师与青年教师"结对子""传帮带"等活动。关心留学归国青年教师,为他们的工作、成长创造良好条件。深化高校收入分配制度改革,制定分配政策时适当向青年教师倾斜,逐步提高青年教师的收入水平。加强青年教师心理健康教育,建立完善青年教师心理问题预警、干预和疏导机制,帮助青年教师应对工作压力、舒缓职业倦怠。

三、把青年教师思想政治工作任务落到实处

14.形成工作合力。市委组织部、市委宣传部和市委教育工委加强对青年教师思想政治工作的统筹协调和检查督促,把青年教师思想政治工作实效列为高校办学质量和水平评估考核的重要指标,作为评价学校领导班子实绩的重要内容。建立健全高校党委统一领导,党政齐抓共管的工作格局,构建党委宣传部门牵头,组织、人事、教务、工会等职能部门协同配合、各院(系)党组织具体实施、广大党员干部共同参与的领导体制和工作机制,努力形成青年教师思想政治工作合力。高校党委每年专题研究青年教师思想政治工作,定期听取青年教师思想政治工作专题汇报。

15.强化条件保障。设立青年教师思想政治工作专项经费,根

据工作需要配备专兼职工作人员,充分发挥高校党政干部、思想政治理论课和哲学社会科学课教师队伍及离退休老同志的作用。加强全局性、前瞻性问题研究,把握青年教师思想政治工作规律。定期开展督查,形成长效机制,不断提高青年教师思想政治工作科学化水平。

中共重庆市委组织部 中共重庆市委宣传部

中共重庆市委教育工委

2013 年 10 月 11 日

第三部分

争先进·榜样思齐篇

教育系统"时代楷模"——黄大年

振兴中华,乃我辈之责

25年前,他带着科技强国的心愿,出国留学、工作,成为国际著名的航空地球物理学家。当祖国需要时,他放弃国外的优厚条件,回国带领科研团队寻求技术突破,直到生命的最后一刻。

一场报告会,正在吉林大学的校园里巡讲,师生共同缅怀一位逝去的教授——黄大年。

1977年,黄大年考入长春地质学院应用地球物理系,硕士毕业后留校任教。在当年的毕业纪念册上,黄大年留言写道:"振兴中华,乃我辈之责!"心怀报国之志,1992年,黄大年被公派到英国攻读博士,并从事地球物理研究工作,成为这个领域研究高科技敏感技术的少数华人之一。

2009年4月,黄大年学成归国。他带着先进技术,重点攻关国家急需的"地球深部探测仪器"。这种设备就像一只"透视眼",能"看清"深层地下的矿产、海底的隐伏目标,对国土安全具有重大价值。而这样的高端装备,国外长期对华垄断或封锁。

从零开始的黄大年,带着研究团队日夜奋战。他出差始终赶最晚的那一程,这样就不耽误白天的工作。同事经常凌晨两三点钟接到他的信息,得知新的任务。

黄大年带领400多名科技人员,成功研制了我国第一台万米大陆科学钻探机——"地壳一号",自主研制综合地球物理数据分析一体化的软件系统,提高了国家深部探测关键仪器的制造能力。

2016年12月8日,黄大年因胆管癌住进医院。即便在病床上,打着吊瓶的黄大年还在改方案,给学生答疑解难。

2017年1月8日,黄大年因病逝世。众多师生带着伤痛和怀念,默默垂泪,悼念送别。

斯人已去,未尽的事业却仍在继续。黄大年生前规划的"十三五"国家重点研发计划——航空重力梯度仪研制,已通过阶段论证即将启动。曾经与黄大年并肩奋战的同事,正在让"地球深部探测仪器"从理论走向应用。

生命,为祖国澎湃

人的生命相对历史的长河不过是短暂的一现,随波逐流只能是枉自一生,若能做一朵小小的浪花奔腾,呼啸加入献身者的滚滚洪流中推动历史向前发展,我觉得这才是一生中最值得骄傲和自豪的事情。

——摘自1988年,黄大年的入党志愿书

2017年1月8日,科学的星空中,一颗璀璨的明星悄然陨落。

中国长春,吉林大学,地质宫。同事们再也寻不到那熟悉的急火火的身影,学生们再也听不到那和风细雨的教诲,值夜的老大爷再也看不到507室窗下那盏长明灯……

7年前的那个冬日,他顶着纷飞的雪花,从英国归来,大步流星走进这里的时候,震动海外。有外国媒体报道说:"他的回国,让某国当年的航母演习整个舰队后退100海里。"

7年中,在这座科学的宫殿里,他就像一枚超速运动的转子,围绕着科技兴国这根主轴,将一个又一个高端科技项目推向世界最前沿,直至58岁的节点上戛然而止。

他就是国际知名战略科学家黄大年。

斯人已逝,追思犹存——

我们来到地质宫前。红柱白栏,石狮华表,诉说着共和国一段风云激荡的历史。

66年前,新中国第一所地质学校——东北地质专科学校在此诞生,突破层层阻力刚从英国回国不久的李四光担任第一任校长。那时的中国积贫积弱,李四光是怀着切肤之痛回国的;如今,作为世界第二大经济体的中国,科学技术突飞猛进,黄大年选择回国并为此而献身,又是为了什么?是冥冥中一种历史的轮回,还是中华民族魂魄中绵延不息的一种不可阻挡的力量?

在无限思念与崇敬中,我们走进他短暂却精彩的人生。

"科研疯子"——"中国要由大国变成强国,需要有一批'科研疯子',其中能有我,余愿足矣!"

吉林大学地质宫,507室。

照片上,黄大年儒雅慈和,嘴角微微上扬,金丝眼镜后闪烁着执着的目光——看得出这是一个心里藏着一团火的人。

"跟我们谈谈黄老师吧。"我们一开口,黄大年生前的秘书王郁涵眼圈立刻红了。

这些日子里,王郁涵有些恍惚。

我又梦见黄老师乐呵呵地从办公室出来，拍了下我的肩膀，又去忙了……

黄老师似乎没有离开，上次随老师在北京开会的场景仿佛就在昨天：

窗帘拉上，空调打开，偌大的会场，喧嚣渐渐平复。

投影幕布前，黄大年正如醉如痴地为在场的专家演示其"深部探测关键仪器装备研制与实验"项目的PPT。靠近他的人嗅到他身上一丝丝冰片的清凉味道——黄教授吃了速效救心丸。

2016年6月底，在赴京参加这个会的前一天，黄大年突然晕倒在办公室。

"不许跟别人说。"这是黄大年醒来后对秘书说的第一句话。王郁涵黑着眼圈，瞥了一眼老师带领他们熬了三个晚上整出来的小山一样的材料，没敢吭气儿。

准备项目验收会的时间很紧，黄大年作为项目负责人，连着熬了三个晚上，查遗补漏。直至开会前，胸口仍很憋闷。他习惯性地打开随身带的黑书包，拿出速效救心丸的小瓶子往手里一倒，一仰头扔在嘴里使劲儿嚼着，走进会场……

"项目成果已处在国际领先水平。"黄大年和他的团队欣喜不已。

可谁又能想到，他的生命已进入倒计时。

想起这件事，王郁涵恨自己："早知如此，说什么都要劝阻他。"

可谁又能劝阻得了呢？

翻看他生前的微信朋友圈，2016年2月14日情人节，他有这样一段内心独白：

"……真正从事科学的人,往往看重与事业发展攸关的情谊群体,面对'知音'常有相见恨晚的遗憾,发展的是与众不同的情……"

在他心里,科学是他梦中的"情人"。

科技部有关负责人对此印象深刻:"当时我们有一项地球勘探项目,想在'十二五'时期取得突破,缺一个领军人物。正在着急,有人推荐了刚回国不久的黄大年。"

"我去长春找了他,第二次见才敢开口求他。因为这个上亿元的项目黄大年分不到一分钱……"

"没问题。"黄大年如此痛快的回答让对方愣住了……

大家并不知道,黄大年看中的是这个项目瞄准的尖端技术——就像在飞机、舰船、卫星等移动平台上安装"千里眼",看穿地下每一个角落。早在20世纪90年代,美英等国已使用这项技术进行军事防御和资源勘探。

大家更不知道,几年前,黄大年的父母相继离世时,他在国外忍痛未归,攻关的正是这个技术。

一天都没有等。他把自己关进办公室,没日没夜地设计科研思路。他提出"从移动平台、探测设备两条路线加速推进";他向吉林大学打报告,创设移动平台探测技术中心,启动"重载荷智能化物探专用无人直升机研制"课题。

没有样机,一连数月,一有空他就跑到无人机模型销售的店铺,看看这个、试试那个。店铺要打烊了,他还赖着不走,最后索性自己掏钱,直接把模型抱回办公室。

没有机库,他在地质宫门前寻了块儿空地,拉着团队挥汗如雨忙活个把月。

机库建成第二天,出事了。

"这是违章建筑,必须得拆!"有人开着卡车来就要动手。

原来,他们不清楚审批程序,只给学校打了报告,没有履行相关手续。

"不能拆!我们打过报告的。"黄大年急了,一边喊一边往卡车前一躺。阳光正强,他眯着眼睛,就这样躺着。他的几个学生马上也在他身边躺下,所有人都惊呆了,这可是位世界级的大科学家呀……

事情传开了,有人说黄大年就是个"疯子"。他不在意:"中国要由大国变成强国,需要有一批'科研疯子',其中能有我,余愿足矣!"

不疯不成魔。

就在这种"疯魔"中,我国在这一项目上的数据获取能力和精度与国际的研发速度至少缩短了10年,而在算法上,则达到了国际先进水平。

就在这样的"疯魔"中,7年间他打造出充满魔幻的"大年童话"——

搞交叉、搞融合。这是黄大年回国后提出的一种新的科研理念。

与探测仪器专家合作研发深部探测仪器装备,与机械领域专家合作研发重载荷物探专用无人机,与计算机专家合作研发地球物理大数据处理与解释……

在碰撞中寻求突破,在差异中做大增量。交叉、融合中带来的"化学反应""裂变反应",释放出无尽的想象空间。

作为国际知名的战略科学家，黄大年深知，真正的核心技术是买不来的。中国虽拿到了新一轮世界科技竞赛的入场券，但必须牢牢抓住创新这个"弯道超车"的机遇，才能追赶历史的潮流。

科学是严谨的，但也需要奇思妙想来成就。巴尔扎克说："真正的科学家应当是个幻想家。"

黄大年就是这样的"幻想家"。

"咱们学校有学者参加南极科考，能不能研制全地形车，完成在极寒、沟壑、全时段极限条件下的通信、交流和作业？"

"云端远程控制技术发展很快，能不能开发野外作业医疗看护车？这个目前在国内还是空白啊。"

"还没有任何一个国家能够在南极内陆地区钻取冰下基岩岩心，能不能在海洋资源与安全领域跟建设工程学院、环境与资源学院联合做些事情？"

……

回国仅仅半年多，黄大年就统筹各方力量，绘就一幅宏大的吉林大学交叉学部蓝图。

在他的感召下，王献昌、马芳武、崔军红等一大批在海外享有较高知名度的专家纷纷加入进来。2016年9月，一个辐射地学部、医学部、物理学院、汽车学院、机械学院、计算机学院、国际政治系等的非行政化科研特区初步形成，黄大年担任吉林大学新兴交叉学科学部首任部长。

"大年的这个战略设想涉及卫星通信、汽车设计、大数据交流、机器人研发等领域的科研，可在传统学科基础上衍生出新的方向，有望带动上千亿元的产业项目。"吉林大学交叉学部副部长马芳武说。

有人说,当很多人还在2.0时代徘徊的时候,黄大年已站在了4.0时代,甚至更远。

黄大年的"疯魔"就这样成就了祖国在科学技术上的多处"弯道超车"——

7年间,黄大年带领400多名科学家创造了多项"中国第一",为我国"巡天探地潜海"填补多项技术空白。以他所负责的第九项目"深部探测关键仪器装备研制与实验"的结题为标志,中国"深部探测技术与实验研究"项目5年的成绩超过了过去50年,深部探测能力已达到国际一流水平,局部处于国际领先地位……

国际学界发出惊叹:中国正式进入"深地时代"!

在这个跨越的背后,站着的就是黄大年这样的"科研疯子"。

"拼命黄郎"——"我是活一天赚一天,哪天倒下,就地掩埋……"

黄大年办公室。茶几上一盆淡黄色的菊花,幽幽地开着。沙发靠门一块白板上各种公式和图形,定格了主人当时的学术思考。

墙面上一张巨大的表格吸引了我们,它覆盖整面墙甚至一直延展到天花板——这是黄大年2016年的日程表,密密麻麻:

赴西北地区指导地方科技建设;到发达地区指导经济转型;去省内部分地区调研地方产业转型……

回国7年,黄大年三分之一的时间都在出差。他出差有个独特的习惯,常常订夜里的航班。

"白天开会、洽谈、辅导学生,到了晚上别人都休息了,他就坐午夜航班去出差,即使在飞机上,他还在改PPT,因此人送绰号'拼命黄郎'。"

"拼命黄郎"的一天大多是这样度过的:

早起,冷水洗脸,一大杯黑咖啡,转头埋在小山似的资料中。

中午,大家去食堂,他盯着电脑喊一声:"两个烤苞米。"没有烤苞米,他就从书包里掏出两片皱巴巴的面包。

下午,办公室门口排起长队,校内外的科研机构和专家学者找他请教。

半夜,他不出差就加班,有时还会和一些专家电话交流。

"黄老师经常会接到一些单位的电话,就一些重大突发事件和棘手问题征询意见,时间多半是在后半夜。"

国土资源部、科技部、教育部、中船重工、浙江大学……多个部门和机构里,我们都能找到和黄大年相熟的专家。就连黄大年团队里的成员,也很难搞清楚黄大年同时在承担多少工作。

同一个团队的专家王献昌很担心:"你这是拿命在做科研啊!这么下去,铁打的身体也扛不住啊!"

这位"拼命黄郎"却在微信朋友圈里这样说:"我是活一天赚一天,哪天倒下,就地掩埋……"

恨不能一分钟掰成八瓣儿用的"拼命黄郎"将自己的生命发挥到了极限。昏倒和痉挛的频率增高了,劝他去体检,他总以忙来推脱……

黄大年陀螺一样转着。墙上,2016年11月的日程表记录着他生命中最后的行程:北京—宁波—长春—北京—长春—北京—长春—北京—长春—北京—成都。

11月29日,日程表上龙飞凤舞地标记着"第七届教育部科技委地学与资源学部年度工作会",之后再没任何记录。看着我们疑惑的眼神,黄大年生前的助手、地球探测科学与技术学院教授于平哽咽了——

那天凌晨2点,北京飞成都的最晚航班刚一落地,黄大年被急救车接走。

"病人什么情况?"成都市第七人民医院急诊室内,医生一边推着担架床,一边问同行的人员。

"胃很疼,在飞机上就昏过去了。"

"他吃什么了?"

"今天没顾上吃饭,登机前就喝了一瓶冰可乐。"

"可乐?"医生皱皱眉头,伸手想抽出病人怀里抱着的笔记本电脑为他做初步检查,却被对方抱得死死的。黄大年醒来第一件事就是赶紧摸了摸怀中的电脑,然后长舒了一口气,对旁边同行的人员说:"我要是不行了,请把我的电脑交给国家,里面的研究资料很重要。"

天刚擦亮,黄大年就迫不及待地要"逃离"病房。护士赶过来劝他做进一步检查,他却一边往嘴里塞一把速效救心丸,一边头也不回地走出了医院:"还有个会,挺重要的,我得去。"

回到长春,黄大年被强制做了体检。等结果的那两天,他又去北京出了趟差。

检查结果出来了:胆管癌。

肿瘤已蔓延到胃部和肝部……

"他为什么这么惜时不惜命?"

采访中,我们问过许多人同一个问题。

著名科学家施一公最了解这位老友:"在科学的竞跑中,任何取得的成绩都将马上成为过去,一个真正的科学家总会有极其强大的不安全感,生怕自己稍微慢一步就落下了。"

就是这种"不安全感"、这种"本领恐慌",成为黄大年玩命工作的动力来源！

中国科学院地质与地球物理研究所副所长杨长春说："你可以把它理解成一种追求事业和梦想的常态，他努力想超越最先进的成果，他就得加班加点地付出。他要不断地去破除、否定、推倒自己已有的东西，才能一点一点地提高、赶超。"

也许，这就是"拼命黄郎"的内心世界。

爱国情怀——"海漂"18年，难忘初心："振兴中华，乃我辈之责！"

走在地质宫前的文化广场上，眼前这座建筑庄严肃穆。

我们不由得又想起了李四光，想起这座建筑的设计者梁思成，想到黄大年，心底突然涌出法国科学家巴斯德的那句名言：

"科学无国界，科学家有祖国。"

在黄大年身上，我们更能掂量出这句话的分量。

不少人不理解在国外已功成名就的黄大年的选择。他们在问：如果黄大年还活着，如果再给他一次机会，他还会选择回国吗？

采访中，我们将这个问题抛给了不同的被采访者。

"我想会的！"黄大年的弟弟黄大文肯定地说，"父亲生前总和大年说，他是有祖国的人，要做个忠于国家的地质人。"

1958年8月28日，黄大年出生，父母是广西地质学校的教师。

黄大年快乐的童年时光，是在父母用心的教育和陪伴中度过的。李四光、钱学森、邓稼先……记忆中，父亲经常提到的那些科学家模样都差不多，"清瘦""和善""带回来的行李箱中满满都是书"。

黄大年的父母是老一代中国知识分子的典型代表。在伴随新中国成长的艰辛奋斗中,他们隐忍克己、朴实包容,只讲奉献、不图回报,对祖国自始至终表现出忠诚与责任。

黄大文知道,父母病逝未尽孝床前是哥哥心中永远的痛。

2004年3月,父亲突然病重,进入弥留之际。此时,黄大年作为英方公司派出的代表,与美国专家一起在1000多米的大洋深处,进行"重力梯度仪"军用转民用领域的技术攻关。如果不是英国导师极力推荐,美方不会让一个中国科学家参与其中。攻关进入关键阶段,黄大年把眼泪咽到肚子里,坚持做完试验。再次回到陆地时,父亲已入土为安。

两年后,美国空军基地,同样的试验从潜艇搬上飞机时,母亲病危。临终前老人以越洋电话嘱咐爱子:"大年,你在国外工作,一定要好好照顾自己,早点回来,给国家做点事情……"

父母的教诲,黄大年怎能忘记?!

"会回来的!"黄大年的大学同学们异口同声。

1982年黄大年从长春地质学院毕业。这个连年的三好生留校任教。他在毕业赠言册上写下简短有力的话:"振兴中华,乃我辈之责!"同学毛翔南保留至今。

1993年初冬,学校要送黄大年去英国利兹大学深造。同学林君去送行。"他冲着我们使劲挥手,大声地说:'等着我,我一定会把国外的先进技术带回来。'"林君回忆说。

母校"以艰苦奋斗为荣、以献身地质事业为荣、为祖国找矿为荣"的专业教育早已刻进他的心里。

"我理解他这个人,在英国优越的环境里,黄大年觉得自己已经摸到天花板了,回国,既是突破自己,又是报效祖国。"国土资源部科技与国际合作司副司长高平说。

高平是最早动员黄大年回国的人，可后来她又有些犹豫："大年，你是不是再好好想想？国内无论生活条件，还是工作环境，都比不上英国。"

她盼着黄大年回来，但又怕他后悔。

当时，作为英国剑桥 ARKeX 航空地球物理公司的研发部主任，黄大年是一个被仰望、被追赶的传奇人物。他带领一支包括外国院士在内的300人"高配"团队，实现了在海洋和陆地复杂环境下通过快速移动方式实施对地穿透式精确探测的技术突破。这项技术是当今世界各国科技竞争乃至战略部署的制高点。而妻子则在伦敦开了两家诊所，女儿在英国上大学，一家人生活优裕、事业骄人。

但回国的决心黄大年是从一开始就下了的："在这里，我就是个花匠，过得再舒服，也不是主人。国家在召唤，我应该回去！"

时任吉林大学地球探测科学与技术学院院长刘财至今保留着黄大年从英国给他回复的一封邮件："多数人选择落叶归根，但是高端科技人才在果实累累的时候回来更能发挥价值。现在正是国家最需要我们的时候，我们这批人应该带着经验、技术、想法和追求回来。"

2008年，刘财联系了黄大年，没想到他立刻启动回国。仿佛他一直在等待着这一时刻。

18年的英国生活，毕竟有很多积淀、很多不舍。

他的科研团队再三挽留："伙计，别走，你在这里，我们会有更多成果。"

可他知道，他的心里无论如何放不下那片温暖而辽阔的父母之邦……

朋友们不理解，年过半百，正该安享人生，为什么还要折腾？

他说："作为一个中国人，国外的事业再成功，也代表不了祖国的强大。只有在祖国把同样的事做成了，才是最大的满足。"

没给自己留后路，他用最短的时间辞职、卖掉别墅、办好回国手续。妻子张燕也以最快的速度、最便宜的价格处理了自己的诊所。

那天，处理完诊所的售后事宜后，蹲在那一堆堆她不得不舍弃的中药及医疗器械中间，张燕失声痛哭……

18年的剑河生活，就这样"挥一挥衣袖，不带走一片云彩"。

黄大年回来了。

高平很懂他："是祖国成就了他，让他义无反顾、全身心地实现理想抱负，抒发他的爱国热情。回国，使他将事业和情怀融合在一起。"

回国这7年，是他人生高速运转的7年，是他带领团队高放"卫星"的7年，也是他被病魔一点点吞噬的7年……

整理黄大年遗物时，王郁涵在他卧室床头柜的三个抽屉里发现了满满的花花绿绿的治肝病的药，泪水再次夺眶而出——

不知有多少个深夜，黄老师靠着这些药物熬到天明。

当一次次从晕厥中醒来，当一次次在外奔波舍爱妻独守家门，当女儿的婚期因他的忙碌而一次次被迫推迟，当一次次深夜中被病痛折磨得辗转反侧……

黄大年，你真的不后悔吗？

"回想当初的选择，我没后悔过。"记者在黄大年留在母校的一份工作自述中找到了他自己的回答——

"父辈们的祖国情结，伴随着我的成长、成熟和成才，并左右我一生中几乎所有的选择：这就是祖国高于一切！"

赤子之心——以出世的态度做学问、搞研究，以入世的态度爱国家、爱科学。

从隆冬到初春，采访中，许多人描述了他们心中的黄大年。

黄大年对于我们，也逐渐由模糊变得清晰，由陌生变得熟悉，由"高大上"变得有血有肉……

朱光潜先生谈过美的人生应该是："以出世的态度做人，以入世的态度做事。"

黄大年就是这样一个人——以出世的态度做学问、搞研究，超然物外；以入世的态度爱国家、爱科学，殚精竭虑。

这是一个纯粹的人。

回国这几年，黄大年在科研领域搅起一片涟漪。用高平的话说："大年对待科学是很任性的，他不唯上不唯权不唯关系，不允许你好我好大家好，如同一股清流。"

"深部探测技术与实验研究"项目，涉及经费十几亿元，是中国有史以来最大规模的深探项目，黄大年回国不久便出任该项目第九分项的首席专家。

如此庞大的项目，如何有效组织科研力量，让项目在一个统一的目标下取得成果，是一个相当大的考验。

黄大年站出来，提出"公司化""绩效化"管理理念，"借鉴欧洲大公司的相关管理经验，在总目标下，赋予相关负责人具体任务，层层抓落实、责任全覆盖"。

"我们是科学家，不是工程师！"不少人反对。

有人说，这个人"不食人间烟火"。

项目启动要先写规划，有些专家承担的科研任务比较多，不能全程参加,他不论名头大小,一律通报:"如果想要点卯挂名,就不用来了。"开论证会,无论什么人在场,他发言从不穿靴戴帽、寒暄客气,而是直面问题,一针见血。

第九项目斥资逾3亿元,很多机构和单位想要分一杯羹。不看介绍材料,不提前通知,他直接钻进人家的实验室和车间,查验对方资质水平。自认为和他关系不错的专家找来,想替某研究机构"拉点儿经费",他一句"我没有对手,也没有朋友,只有国家利益",直接把对方"噎个半死"。后来对方发现"居然连吉林大学也没有多拿一分钱"。

有人说,这个人"吹毛求疵"。

他认为"尖端的技术要有先进的设备",要求设备采购货比三家,提交调研报告;他强调"技术指标不能模棱两可",任何一项说不清楚,他都不予签字;他要求PPT演示"无懈可击"。不到最后期限,他都会一遍遍修改完善,连一个标点符号都不放过。

更让一些人难以接受的是,他还从国外引入一套在线管理系统,把技术任务分解到每月、每周甚至每天。每晚11点他必登录检查,谁偷懒、谁落后,软件一开,一清二楚。

不少人叫苦连天:"我们是科学家,不是机器人!"而对黄大年来说,这个软件就像是一片安眠药,吃了,就睡得好;又像是一颗兴奋剂,点开一看,提笔就列出一个问题单,往往又是一夜无眠……

有人领教过他的"火爆"。

那是2010年春天的一个早上。

"怎么回事?小王,你催过了吗?"听得出黄大年有些烦躁。

"都催过了啊,黄老师!"王郁涵偷偷瞄了眼墙上的表,9点50分了,离开会还有十分钟,材料没交齐,人也没到齐!

根据项目进度安排,每个月课题组长要进行视频答辩。而黄大年的习惯,是提前做好各项准备,并要预览课题组交来的汇报材料。

"人浮于事!"大手一挥,黄大年突然把手机砸向地面,手机屏幕立刻摔了个粉碎。在场的人都惊呆了,从没见过黄老师发过这么大的火。

"我们拿了这么多纳税人的钱,怎么如此草草了事呢?汇报材料不好好做,开会不按时到,我们得有契约精神啊!"黄大年拍着桌子吼道。

事后,他带着歉意说:"我很急躁。我无法忍受有人对研究进度随意拖拉。我担心这样搞下去,中国会赶不上!"

以出世的精神做入世的事业,这种情怀决定了黄大年的纯粹人生。

黄大年并非不食人间烟火,并非吹毛求疵。

在学生们心中,黄大年从来不是一个"高高在上的学术权威",而是一个"严师慈父的长辈"、一个"推心置腹的朋友"。

当年的学生马国庆和李丽丽家在农村,黄大年看好他们的专业潜质,创造各种机会送他们学习英语、参加国际交流。两人谈了恋爱,他帮他们争取留校。毕业结婚,又帮他们张罗租房。

有人嫌他管得太细、婆婆妈妈。他说:"我们的国家太需要人才,现在多用点儿心,他们中就有可能出大师、出诺贝尔奖。"

学校领导几次催他抓紧申报院士,他却说"先把事情做好,名头不重要"。地球探测科学与技术学院党委书记黄忠民说,参加学术会议或讲座,大年能一口气准备十几页的材料,但要让他填报个评奖材料,半页纸都写不满。

最后清醒的日子里,他还倚在床上,打着点滴为学生们答疑;他嘱咐于平"把咱们自己的经费再压缩一些",确保其他机构积极参与;他记挂团队里的姚永明参评副教授的事,硬是用颤抖的手,写下一段歪歪扭扭的推荐语。

"人的生命相对历史的长河不过是短暂的一现,随波逐流只能是枉自一生,若能做一朵小小的浪花奔腾,呼啸加入献身者的滚滚洪流中推动历史向前发展,我觉得这才是一生中最值得骄傲和自豪的事情。"这是他在入党志愿书中写下的誓言。

他做到了!

尾声:不说再见

2017年1月1日,新年元旦,手术后第18天。

病房里,黄大年手臂上插满了管子。在吉林大学地球探测科学与技术学院副教授焦健的帮助下,黄大年认真收听着习近平主席的新年贺词:2016年,"中国天眼"落成启用,"悟空"号已在轨运行一年,"墨子号"飞向太空,神舟十一号和天宫二号遨游星汉……

讲话中,习近平主席提到科技攻关时,黄大年显得有些激动,他猛地深吸一口气,用沙哑的声音对焦健说:"国家对科技创新这么重视……有了国家的决心……我们的技术马上就要到了派上用场的时候……你们都要准备好,加油干啦……"

说完,一阵剧烈的咳嗽。

焦健忍着泪,直到出了病房的门才哭出来。他看见了黄老师眼角含着泪光,他知道这个人没有一时一刻不想着赶超前沿、不想着超越极限!

可他哪里知道,这是黄老师去世前给他的最后一次教诲。

1月2日,黄大年开始发烧。

1月3日,高烧不止,伴随着咳嗽。

1月4日傍晚,坏消息接踵而至。黄大年内脏出现大出血,转氨酶升高、肝功能有衰竭倾向……

此时,万里之遥的英国,黄大年的女儿黄潇也在分娩的疼痛中挣扎。

剧痛之后,伴着哇哇啼哭,黄大年的外孙降临到这个世上。黄潇虚弱地抚摸着儿子,心如刀绞,泪水止不住地流,脑海里满是婚礼上爸爸搂着她翩翩起舞时慈爱的眼神,她怎会想到那是父亲与她的最后一舞。

"拍一张春伦的照片,赶紧发给我姑姑。"黄潇用英语对丈夫说。

春伦,是黄大年为他的外孙起的中文名字:长春的春,伦敦的伦。黄大年曾说过,这是他最难忘、最喜欢的两个城市……

"哥,哥,你快醒醒,潇潇生了,是个男孩……"妹妹黄玲拿着手机冲进重症监护室里,把照片举到黄大年眼前。

照片里,小宝宝黄皮肤、黑头发、圆脸蛋,眉眼之间像极了黄大年的神韵。

"哥……哥……你看,春伦跟你有多像,你看看啊!"

此时,黄大年已失去了意识……

1月8日13时38分。正午的阳光照进重症监护室的窗棂,黄大年永远地休息了。

不说再见,黄大年没有走,学生们耳边响起他熟悉的声音:

"要树立远大理想和家国情怀,做出得去、回得来的科学家。"

不说再见,黄大年没有走,这片他热爱的故土的每一个角落都有他熟悉的身影。

地质宫,507室。

于平、王郁涵,常常静坐在黄大年的办公室里,仿佛在等待着出差回来的老师。

总有办公室电话和手机铃声打扰这宁静。在每一次来电点亮屏幕的时候,她们一次次地接起电话,告诉对方黄老师离去的消息……

(来源:央视网,有改动)

全国高校黄大年式教师团队

教育部关于公布首批全国高校黄大年式教师团队的通知

教师函〔2018〕1号

为贯彻落实习近平总书记对黄大年同志先进事迹重要指示精神,教育部启动了"全国高校黄大年式教师团队"创建活动。各地各校高度重视、认真组织、扎实推进团队创建活动,择优推荐成绩突出的团队申报"全国高校黄大年式教师团队"。经审核,认定吉林大学地球探测与信息技术教师团队等团队为首批"全国高校黄大年式教师团队",现予以公布。各地各校要以"全国高校黄大年式教师团队"为示范,切实推进高校教师团队建设,打造高素质专业化创新型的高校教师队伍,为加快"双一流"建设,实现高等教育内涵式发展奠定基石。

一、以团队建设贯彻落实党的十九大精神

1.坚持正确方向。以习近平新时代中国特色社会主义思想为指导,全面加强党的领导,坚持社会主义办学方向,扎根中国大地办大学,学习黄大年同志心有大我、至诚报国的爱国情怀,教书育人、敢为人先的敬业精神,淡泊名利、甘于奉献的高尚情操,推动高校教师团队为人民服务,为中国共产党治国理政服务,为巩固和发展中国特色社会主义制度服务,为改革开放和社会主义现代化建设服务。

二、以团队建设推进高等教育内涵式发展

2.潜心教书育人。坚持教育教学为先,全面实行教授给本专科生上课的制度,推动高校教师团队将人才培养的中心任务落到实处。加强课程体系建设,改革创新教学模式和人才培养模式,强化实践育人环节,加强创新创业教育,改进学习质量评价制度,不断提升育人实效和人才培养质量。

3.推进科研创新。服务创新驱动发展战略,支持高校教师团队瞄准世界科技前沿,强化基础研究,加强应用基础研究,承接国家重大科技项目,突出关键共性技术、前沿引领技术、现代工程技术、颠覆性技术创新,为建设科技强国、质量强国、航天强国、网络强国、交通强国、数字中国、智慧社会等提供有力支撑。

4.优化社会服务。建立产学研深度融合的技术创新体系,加强高校技术转移中心建设,支持高校教师团队加快科技成果转化和产业化,实现知识价值增加。加强中国特色新型智库建设,推动高校教师团队以科学咨询支撑科学决策,为治国理政服务,传承文明、传播文化,增强国家思想文化软实力。

三、以团队建设打造高素质专业化创新型高校教师队伍

5.加强师德师风建设。将宣传、教育、治理并举,建立高校教

师师德建设长效机制。以建设"黄大年式教师团队"为契机,大力宣传师德楷模的先进事迹,注重感召,加强引领。加强师德师风教育,将师德教育融入高校新入职教师培训、教师专业发展过程,营造氛围,潜移默化。完善高校教师师德行为规范,强化师德师风考核,体现奖优罚劣,着力解决师德失范、学术不端等问题。

6.促进教师专业发展。搭建校级教师发展平台,加强院系教研室等基层组织建设,建立健全教师发展机构。以建设"黄大年式教师团队"为抓手,加强教师学习共同体建设,完善老中青教师传帮带机制,促进教学发展、专业发展、个体发展,提高育人能力,提升科研能力,提高综合素质。

7.改进教师管理评价。以师德为先、教学为要、科研为基、发展为本为基本要求,以建设"黄大年式教师团队"为支撑,改进高校教师管理评价制度,完善教师分类管理和分类评价办法,坚持德才兼备,注重凭能力、实绩和贡献评价教师,克服唯学历、唯职称、唯论文等倾向,切实提高师德水平和业务能力。

四、以长效机制建设促进团队可持续发展

8.进行表彰奖励。教育部将对"全国高校黄大年式教师团队"颁发牌匾和证书进行表彰奖励,通过开展学术交流和研修培训活动,展示团队建设成绩,交流团队建设经验,比学赶超,提升团队建设水平。各地各校也要遴选成绩突出的高校教师团队进行表彰奖励,按要求择优推荐参加今后"全国高校黄大年式教师团队"认定。

9.加大宣传力度。教育部将联合中央媒体对"全国高校黄大年式教师团队"进行集中宣传,讲好师德故事、宣传育人事迹、弘扬科研精神、展示服务成绩、彰显团队特色,感召引领各地高校教师

团队建设。首批认定的,"全国高校黄大年式教师团队"要及时将团队建设进展情况报送至教育部教师工作司,事迹材料要求客观真实、生动鲜活、图文并茂。各地各校也要加大对成绩突出的高校教师团队的宣传力度,浓厚团队创建的舆论氛围。

10.促进持续发展。教育部在重大教育改革试点、重大工程项目建设中,将"全国高校黄大年式教师团队"的创建情况作为一个重要观测指标,团队成员在申报教学名师、全国教书育人楷模、全国教育系统先进集体和先进个人时,同等条件下优先考虑,各地各校也要在教学奖励、科研立项、人才计划等方面,给予重点支持,建立团队可持续发展机制。

(来源:中华人民共和国教育部网站)

2018年1月3日,教育部发布《教育部关于公布首批全国高校黄大年式教师团队的通知》(教师函〔2018〕1号),公布了201个全国高校黄大年式教师团队名单,其中重庆市有5支团队入选首批"全国高校黄大年式教师团队",包括西南大学油菜教师团队、重庆大学动力工程及工程热物理教师团队、西南政法大学经济法教师团队、重庆邮电大学信息通信理论与技术教师团队、重庆工业职业技术学院汽车制造类专业群教师团队。

2022年1月28日,教育部发布《教育部关于公布第二批全国高校黄大年式教师团队的通知》(教师函〔2022〕2号),公布了200个全国高校黄大年式教师团队名单,其中重庆市有5支团队入选,包括重庆大学可持续建筑环境营造教师团队、西南大学土壤科学教师团队、西南政法大学中华法文化传播教育教师团队、四川美术学院科技艺术与社会创新教师团队、重庆电子工程职业学院物联网应用技术专业群教师团队。

1.西南大学油菜教师团队先进事迹

西南大学李加纳教授"油菜教师团队",几十年如一日,教书育人、潜心科研、攻坚克难,为国家自主创新能力提升、为农民增收致富,也为相关学科发展做出了积极贡献。黄大年精神在他们的身上熠熠闪光。

师德师风优良的团队

西南大学油菜教师团队创建于1985年3月。在李加纳教授领导下,该团队2004年被批准为重庆市第一个农业领域工程中心,2007年被批准为重庆市首批高校创新团队,也是2016年科技部"作物重要性状基因功能解析及应用创新团队"的两个骨干团队之一。

该团队成员师德师风优良。在日常教学工作中,团队教师坚持尊重信任和严格要求相结合,都能够公正、全面、客观地评价学生,严而有格、严而有度、严而有恒、严而有方地面向全体学生施教,鼓励学生树立信心,建立平等的师生关系。李加纳教授要求加入团队的每一个党员教师要践行入党誓词,真正起到共产党员的先锋模范作用。在他的垂范下,团队教师均能做到自敬自重,努力提高自身道德素养,用"爱心、耐心、细心"对待每一个学生,坚持教书和育人相统一,人人追求品德高尚,淡泊名利,为人师表,团队成员广受师生好评,多次获得各级表彰。李加纳教授也先后获得农业部有突出贡献中青年专家、国务院颁发的政府特殊津贴、全国"五一"劳动奖章、全国优秀科技工作者、重庆市"争光贡献奖"和重庆市职工楷模等荣誉称号。

精心教书、潜心育人的团队

团队成员精心教书,潜心育人。李加纳教授承担过专科生、本科生、硕士生、博士生的多门课程,在教学工作中治学严谨,理论联系实际,随时增加国内外最新研究成果,启发学生的创新思维,教学效果好。虽然工作繁忙,但坚持为本科生开设"农学专业导论"和"现代作物研究进展"课程,以丰富的现代农业生产技术和理论,展示农学学科和农学专业的重要作用、最新进展和发展前景,帮助学生正确认识学科专业,稳定专业思想,激发学习兴趣和主动参与意识,培养学生自主学习能力,深受学生欢迎!他编著出版的《数量遗传学概论》,包括了国内外最新的一些研究成果,曾被多方采用为教材或工具书。李加纳同志先后指导博士后、博士生和硕士生近百人。

为了培养学生的动手能力和科研精神,他总是身先士卒,带领学生参与各种田间试验观察,有时头顶烈日,有时满身露水(雨水),常在田间工作七八小时,掌握第一手科研资料,指导学生完成了一篇又一篇有理论和实践价值的论文,其中有3位学生的学位论文被评为重庆市优秀博士学位论文,一大批学生成为我国农业科研、教学、管理岗位的骨干,他自己也获得教育部高等学校优秀骨干教师称号。团队8名教授均承担了较多的本科生教学任务,2012年以来,多名团队成员参与的教学成果获得重庆市教学成果二等奖2项,指导的学生获得国家和重庆市研究生科技创新项目32项,指导的本科生获得十三届全国大学生课外学术作品挑战杯三等奖、重庆市十五届挑战杯竞赛特等奖和十五届全国大学生课外学术作品挑战杯三等奖。

攻坚克难、勇往直前的团队

"没有攻坚克难的勇气就不可能有创新,没有创新就不会有发展。"李加纳同志经常提醒自己和团队,他从1985年研究生毕业后开始,秉承"人无我有,人有我新"的创新精神,把科研目标瞄准世界性难题"甘蓝型黄籽油菜育种",30年从未间断,坚持研究。他带领团队成员深入田间地头,长期与农民同吃同住,年复一年地劳作,重复着耕地、播种、栽苗、施肥、观察记载和配制杂交组合等工作;收获后,又忙着做分析工作,挑选出株型好、抗病丰产的单株或材料。就是通过十多年在田间一株一株地选、在实验室显微镜下一粒一粒地选,他们自创了3种粒色量化方法,终于攻克了甘蓝型黄籽油菜粒色不稳和产量抗性不好的两大世界性难题,率先创制出在籽粒色泽、稳定性、蛋白质+含油量总量等方面优于国内外已有报道的甘蓝型黄籽油菜系列材料,再通过聚合育种技术,创造性地聚合了黄籽、双低、高产、高油、广适、多抗等性状,他们首次得到了显性甘蓝型黄籽油菜材料GH01与隐性甘蓝型黄籽油菜材料GH03,并且研发出以GH01为亲本的甘蓝型黄籽杂交油菜组合"渝黄1号"。随后育成的甘蓝型黄籽油菜新品种"渝黄2号""渝黄4号"和"渝油28号"等也先后通过国家审定,其中,"渝黄1号"成为国内外第一个具有生产利用价值并得到大面积推广的甘蓝型黄籽杂交油菜品种,"渝黄4号"被农业部推介为全国主导油菜品种。

"渝黄系列"新品种在我国油菜主产区大面积推广应用,取得了显著的经济和社会效益,显著提高了我国油菜品质和国际市场竞争力,促进了我国油菜产业的发展。与此同时,李加纳团队先后在国内外学术刊物发表论文200多篇,在国际会议上口头报告10余次,奠定了我国甘蓝型黄籽油菜基础研究与生产应用的国际领先地位。该成果先后获得教育部、重庆市科技进步奖一等奖和国家科技进步奖二等奖。近年来,又育成黄籽高油酸油菜新品种,经农业部油料及制品检测中心分析,综合品质超过进口橄榄油,目前已进入产业化开发阶段。

十八大以来,团队成员新主持国家基金项目18项、国家和省部级项目24项,新增项目经费4300多万元;团队成员或学生以第一作者在国内外发表研究性论文100多篇,其中62篇发表在国际期刊上;获得国家发明专利23项。

社会服务、情系"三农"的团队

"科技成果不能放在档案柜里,要让它为农民增收、农业增效、农村发展做贡献。"为了将黄籽油菜新品种尽快推广应用和实现产业化,李加纳教授带领团队成员吃住在农民家,协助公司从无到有,建立起3000亩黄籽油菜杂交制种基地和10万吨黄籽油菜的加工厂,很快使甘蓝型黄籽油菜新品种实现了规模化生产,让优质油和饼粕进入了千家万户。"百万亩甘蓝型黄籽油菜产业化工程"成为重庆市政府10个农业产业化百万工程之一,国家发改委批准将其列入国家西部开发高技术产业化示范工程,企业也被批准为国家级农业产业化龙头企业。黄籽油菜新品种推广应用累计已为农民和农业加工企业增收增效上百亿元。

为了良种良法配套,他带领团队系统全面地研究了多种栽培环境条件对优质高产甘蓝型黄籽杂交油菜生产的影响,综合提出甘蓝型黄籽杂交油菜高产保质生产技术,撰写出《甘蓝型黄籽杂交油菜标准化生产实用技术手册》和《油菜杂交种生产技术规程》供农户和企业使用。

李加纳同志还亲力亲为探索丘陵区油菜机械化生产技术，带领团队成员每年多次到基层乡镇，培训农户、指导生产，足迹遍及西南5省市上千个乡镇，培训农民上万人次，建立高产示范片上百个点次，为西南区油菜生产水平提高和产业化发展做出了积极的贡献。

勇于创新、发展趋势良好的团队

"渝黄系列"新品种产业化，展示了甘蓝型黄籽油菜的光明前景，在国内外又掀起新一轮甘蓝型黄籽油菜研究热潮。"十二五"以来，每年都有一批黄籽油菜新品种参加国家区试或通过审定，在该成果带动下，我国黄籽油菜育种与应用已进入快速发展时期。

团队带头人李加纳同志作风正派、决策民主、廉洁奉公、淡泊名利，他珍惜人才、爱护青年同志，以身作则、以身示范，以自身的人格魅力团结各种类型的专家人才一起工作，使学科团队充满生机活力。李加纳教授团队现有教师20人，其中正高职称教师8名、博导6人、国家人才1名，重庆市巴渝特聘教授2名。另有技术工人8人，博士后、博士生和硕士生100余人。团队成员绝大多数具有国外学习经历，与德国、加拿大、韩国、美国的多个研究机构有密切的科研合作，在国内外有较大的学术影响。

"科研无终点。"目前，针对国家油菜产业需求，李加纳带领他的团队又开始着手研制"中国的橄榄油"——高油酸营养保健油、工业用高芥酸菜籽油、多彩油菜花等新产品。

（来源：中华人民共和国教育部网站）

2.重庆大学动力工程及工程热物理教师团队先进事迹

廖强所在的重庆大学动力工程学院教师团队凭借技术创新，以及良好的师德、师风，入选了全国"黄大年式"教师团队。

《重庆晨报》记者走近廖强所在的教师团队，探访和揭秘神奇微藻背后的故事。

神奇微藻吸的是二氧化碳，吐出的是燃料

在重庆大学动力工程学院微藻人工温室和微生物燃料电池人工温室中能看到，偌大的实验室内，形态各异的试管等容器中，全是绿色的微藻，其外观就像是苔藓和藻类植物的结合体。

廖强教授介绍，微藻是指那些在显微镜下才能辨别其形态的微小藻群，有两万多种，它是水体生态系统中的初级生产者。微藻生长的原理是光合作用，光合作用效率较高，是树木等陆生植物的10倍以上，生长周期一般只需六到七天。

"它们就像是一个由太阳能驱动的细胞工厂。"廖强教授比喻道。在这个工厂里，微藻可源源不断地将二氧化碳和废水中的氮、磷等物质转化为富含油脂、糖和蛋白的生物质。此后这些油脂就可以被转换成生物柴油，实现变废为宝。

实验室内严格控制光照和水源，模拟各种二氧化碳、氧气等空气中常见元素的生存环境，监测何种情况下微藻的转化效率最高。

这样生产出来的"微藻"，可以"吸入"空气中的二氧化碳，再把它"吐出来"，转化为可再生的生物燃料，并且转化率极高。1公斤的量就可以吸收1.8公斤的二氧化碳。

技术创新突破微藻能源领域技术瓶颈

在微藻能源领域,针对现有微藻培养光生物反应器体积大、占地宽、成本高、产率和效率低等突出问题,廖强教授的团队开展了系统的理论和实验研究工作,原创性地研发出多种高效微藻培养光生物反应器技术,其性能居于国际先进水平;同时,开创性提出采用中低温太阳能对微藻进行热水解,然后利用水解液进行发酵制取富氢甲烷等生物燃气的新的技术路线,以研发出微藻制取生物燃料的效率,推动微藻能源走向实用化。目前,在国家自然科学基金重点项目和中-泰国际合作项目资助下,已突破关键的技术瓶颈,实现了实验装置验证。双方已签订合作协议,合作初步成果已于2017年底投入使用。

当时,廖强教授的团队正在建立600平方米的新平台,这个一体化平台集合了微藻培养和太阳光中温转化,并采用光伏电池转化白天过剩太阳光,以供给晚上微藻光合作用需要的光,实现以太阳能投入微藻减排和能源化转化。接下来,他们要将此平台推广到工业减排、废水厂净化废水和柴油生产等领域。

廖强教授望着手中盛满绿色微藻的试验器皿,满怀憧憬。据他估算,"若我国1.5%的土地面积用来养殖微藻,可减少2015年我国约90亿吨的二氧化碳排放量,能生产出约8亿吨的生物柴油,够全国一年半的燃油使用。"

希望用微藻探索方案治理雾霾

基于微藻吸入二氧化碳消耗废弃物的特性,廖强教授带领的这一团队正在将微藻的功能与雾霾治理相结合,"我们希望能借此为雾霾治理提供很好的解决方案"。

他们笑称自己是"烧锅炉的",扎根实验室攻坚克难出硕果。

廖强牵头的这个团队,主要研究热能工程方向,他们笑称自己是"烧锅炉的"。

这究竟是一个什么样的团队?记者采访发现,这个团队一共由15人组成,他们中有6位是"80后"。团员大多是本科和硕士阶段在重庆大学就读,博士或博士后阶段前往国外深造,完成学业后又回到重庆大学留校任教的老师。

32岁的付乾曾留学日本,他把团队取得突出成果的原因归结为一种"不怕吃苦、扎根实验室"的精神。

在这个团队中,叶丁丁的一段故事常常被学生们用以自勉。

2011年,叶丁丁已经怀孕,而她参与的一项实验也进入攻坚阶段。虽然实验室中化学试剂气味刺鼻,但为了能突破实验中的这道难关,她仍然坚持来实验室,一边指导,一边动手实验,直到临产。

科研人的这份坚守与品性,铸就了团队辉煌而丰硕的成果,也身体力行地感染着身边的学生。

如今,团队分别在河北廊坊和酒钢建设"高温高含尘烟气连续高效余热深度回收技术"工业示范基地和"液态熔渣高效热回收与资源化利用技术"工业化示范装置。

通俗来说,这两项技术可以把工厂内的高温含尘烟气、高温熔渣这些看来没什么作用的废弃物,通过科技手段进行能源和资源化利用,净化环境的同时回收热能和钢渣资源。

除此之外,团队开发的三维内肋管强化传热技术也处于国内领先、国际先进水平,部分已达到国际领先水平。

（来源:中华人民共和国教育部网站,有改动）

3.西南政法大学经济法教师团队先进事迹

西南政法大学是新中国最早建立的高等政法学府,全国首批卓越法律人才教育培养基地,教育部与重庆市人民政府共建高校。近70年办学的风雨历程,一代代西政人的艰苦奋斗,共同培育并凝练出"心系天下,自强不息,和衷共济,严谨求实"的"西政精神"。"西政精神"既是西南政法大学的文化内核,也是学校经济法教师团队的精神禀赋和独特气质。

心系天下·不忘育人初心

为新中国培养什么样的法律人才?如何培养法律人才?一直是萦绕在经济法团队老中青三代人心头上的大事。"无论我们走多远,都不能丢了'教书育人'的这颗初心。为中国法治事业培养建设者和接班人是我们的责任和担当。"我国经济法学的奠基人之一、曾担任国家级重点学科西南政法大学经济法学科学术带头人的李昌麒教授多次向团队后辈叮嘱道。

"我愿永不负教师这一称谓。"团队负责人、经济法学院院长卢代富教授曾在重庆市教书育人楷模巡讲报告中说道。这既是发自内心的自我宣言,也是对老一辈经济法人的庄严承诺。

1965年,卢代富出生于四川乐至的一个农村家庭。年仅16岁,背负厚重的棉被,只身前往遥远的学府——西南政法学院求学。1988年硕士研究生毕业时,尽管在择业上有着专业和学历方面的种种优势,卢教授仍毅然选择了教师这个在当时被人们视为清贫的职业。这就是卢教授教书育人生涯的开始。留校后,他始终以做一名人民教师而自豪,以作一名优秀的人民教师为毕生追求和奋斗的目标。寒来暑往,他在教师这一平凡而又高尚的工作岗位上辛勤耕耘,一干就是近三十年。其间,无论教师待遇如何,无论社会诱惑多大,卢教授均未放下过手中的教鞭,从未动摇过最初的信念——把学问做好,把学生教好,全心全意地回报社会,为中国的法治建设尽献自己的一份绵薄之力。

"教书是个良心活,需要倾心付出并持之以恒,方能有所回报。"团队主要成员之一、重庆市教科文卫体系统"五一"巾帼标兵张怡教授说道。在一流学科建设中,科研占据着举足轻重的地位,只要肯投入,对学科建设有着过程短、见效快的作用。而教学则是个投入大,过程长,见效慢的良心活。

"为了干好'教书'这个良心活,我们这个团队做了很多所谓'费力不讨好'的事情。"团队主要成员之一、经济法学院前院长盛学军教授说道。例如编写教材这个工作很枯燥,干起来很累,要求也很高,也不能作为学术上评奖的条件,"费力不讨好"。"但只要对教书育人有所益,我们都会不遗余力地投入。"盛学军说道。该团队成员刘俊教授作为首席专家、熊晖副教授和白庆兰副教授作为主要参加人编写马工程教材《劳动与社会保障法学》,其他成员参与编写马工程教材《经济法学》,同时,该团队教师作为主编共同撰写了包括"十一五"国家级规划教材、全国首部经济法学硕士研究生教材等各类教材10余部。

想同学之所想,急同学之所急,发自内心、不计功利地付出是团队每一位成员的"常态"。不论工作多忙,只要学生需要,老师们都会抽空及时与学生交流,为他们排忧解难,甚至牺牲个人的休息时间做开导工作,其中也不乏慷慨解囊者。团队成员江帆教授自己出钱不留名资助学院贫困学生;卢代富教授得知学生胆结石住院做手术一时筹不出钱,立即赶往医院交纳入院费并妥善安置这位同学;盛学军教授多方寻找渠道帮助生病学生转院,让学生获得更好的治疗。

正因为秉持着不忘育人初心的精神，该团队涌现出了全国师德先进个人、国务院政府特殊津贴获得者、重庆市教书育人楷模、重庆市第四届先进工作者、重庆市优秀共产党员、重庆市优秀教师、重庆市教育系统优秀共产党员、重庆市教科文卫体系统"五一"巾帼标兵、重庆市"五一"劳动奖章获得者、西政好老师等优秀代表，而该团队成员组成的经济法教研室，还荣获了团体荣誉"重庆市工人先锋号"的称号。

根深方能叶茂。经过多年的耕耘和努力，经济法教学团队取得的有关教育教学的成果绩效择要如下：国家级优秀教学成果奖二等奖"在经济法重点学科建设中提高研究生培养质量的新思路"、国家级优秀教学成果二等奖"社会主义市场经济条件下的经济法教学改革"、全国普通高等学校优秀教材(《经济法学》)二等奖、第三届中国法学教育研究成果三等奖"卓越法律人才教育培养研究"、第三届全国高校青年教师教学竞赛文科组三等奖、重庆市教学成果奖一等奖(2次)、四川省优秀教学成果一等奖、重庆市高校青年教师教学竞赛文科组一等奖、重庆市高校教育教学成果二等奖等。

不忘育人初心，方得桃李芬芳。五年里，西南政法大学经济法教师团队已培养本科生4000余名，硕士研究生近2000名，博士研究生和海外进修生近200名，指导学生科研、创新创业项目立项近300项，在法律人才培养方面为国家和社会作出了重大贡献。这些学生当中，有的已是大学教授、博士生导师，在学界取得了累累硕果；有的已是实务界领导或精英，在相应的岗位做出了突出业绩。

自强不息·方得学问始终

在 20 世纪七八十年代,面对"文革"动乱等带来的种种冲击与波折,西南政法全院师生和衷共济,逆境奋发,终于战胜了各种艰难困苦,玉汝于成,铸就了今日社会公认的"西政现象",打造了响当当的"西政品牌"——这是一种自强不息精神。

经济法教师团队所在的经济法学院从 20 世纪 80 年代的经济法教研室到目前的经济法学院,经济法学科从被评为四川省首批重点学科到被司法部评为全国唯一的经济法重点学科,从取得经济法学博士学位授予权到被国家教育委员会评为国家级高等学校重点学科,从举办西部唯一法学类中外合作办学项目到如今的全国高校黄大年式教师团队,经济法教师团队一步一个脚印,始终走在国内前沿——这些成就的背后,彰显的是自强不息的精神。

我国经济法学的开拓者之一、西南政法大学经济法学科奠基人和资深教授张序九教授曾回忆道:1978 年,西南政法学院在政法类高校中率先恢复招生。那时,大家憋了 10 年的力量就像憋足劲的发动机,开始高速运转。课堂内外,老师对学生有问必答,学生也会抓着老师对不懂的问题进行"穷追猛打"。"我曾经被 10 多个学生'堵'在家里,提问持续了整整 3 个小时……那时,学生和老师在校园内潜心学问、发奋图强、自强不息的情景让人久久难以忘怀。"张序九说。

担当乃自强之道。西南政法大学经济法学科从诞生之日起,就始终以服务"三农"为己任,始终专注"三农"问题,解决好"三农"问题也成为如今经济法教师团队科学研究的重中之重。

李昌麒教授生于农村,长于农村,对农民始终有一种难以割舍的感情。他认为中国最大的问题是农村问题,因而他在研究中始终牵挂着农村,并倾注了很大的精力进行农村法制建设的研究。1999年,李昌麒应邀在中共中央第九次法制讲座上,以"依法保障和促进农村的改革、发展与稳定"为题,向中央领导人系统阐述了"农村法治"这一思想,敏锐地提出要把确保农业基础地位、稳定土地承包关系、减轻农民负担、推进农业产业化、促进农业可持续发展、强化农业科技开发和成果转化、加强农村基层组织建设等事关农村改革、发展与稳定的工作纳入法治的轨道。随后,2002年全国人大颁布了《土地承包经营法》,其他涉农立法的步伐也日益推进。

首批"国家特支计划"青年拔尖人才、团队成员王煜宇教授27岁时破格晋升为副教授,31岁评上教授,放弃过"枫叶卡",扔过"铁饭碗",正是由于对"三农"问题的专注,让从小在城里长大的王煜宇一头扎进农村。早在2004年读博士期间,她就将目光投向农村经济问题,多次前往偏远农村、山区调研,先后主持了西部地区农村投融资体制改革问题研究、农村金融法律制度改革与创新、新型农村金融机构法律制度研究、农村金融制度创新研究等4个国家社科基金课题。她先后出版了《农村金融法律制度改革与创新——基于法经济学的分析范式》《西部地区农村投融资体制改革问题研究——基于法经济学的分析范式》《全球性解决方案》等多部专著、译著,发表论文40余篇,科研成果先后获得"中国农村发展研究奖(专著提名奖)""高等学校科学研究(人文社会科学)优秀成果二等奖"等省部级以上奖励多项。

服务社会乃自强立身之本。在社会服务方面,经济法教学团队成员主持或者参与了多项重要实践活动:开全国之先河,接受重庆市人大、重庆市政府的委托,对重庆直辖以来的195件地方性法规、176件政府规章进行了清理,获得高度评价;承担全国首个市场监管专门地方性法规《广东省市场监管条例》的研究和起草工作;评估重庆市企业发展法治环境;清理重庆市巴南区规范性文件;起草广西壮族自治区百色市田东县《"法治田东"规划建设方案》等等。此外,团队成员被聘为中国经济法学研究会副会长、中国银行法学研究会副会长、中国社会法学研究会副会长、中国财税法学研究会副会长、中国农业经济法研究会副会长、重庆市"十三五"规划专家咨询委员会委员、第四届重庆市人民政府法律顾问、第四届重庆市人民政府立法评审(行政复议咨询)专家委员会主任委员、第四届重庆市人民政府立法评审(行政复议咨询)专家委员会委员等。

和衷共济·齐心勠力同行

"经济法教学团队是有凝聚力的团队,团队以项目为纽带,强调集体协同攻关。"卢代富说。2005年,由李昌麒教授担任首席专家的国家社科基金A级重大课题,是以经济法教学团队为基础,整合校内外研究力量进行协同攻关的典型。他表示,最令自己感动的是,很多老师在自身教学、科研任务繁重的情况下,义无反顾地投身到这个重大项目的研究中,搜集资料、分析数据,甚至愿意做后勤工作。该团队成绩的取得同样离不开老一辈教师的无私奉献,"一些老教授虽已退休,但仍然牵挂经济法学科和学院的工作,经常回来与我们交流,传授宝贵经验。"卢教授说。

"每一份成绩都凝聚着团队的力量,背后有着无数人的默默付出。"盛学军说道。团队成员胡元聪教授为了学院和学科团队的工作经常加班到深夜,由于离家太远,办公室就成了他的第二个"家",那张窄小的沙发就成了他经常睡的床。杨青贵副教授在爱人患有重病的情况下，从不耽误学院的工作，任何时候工作有需要都是随叫随到。

1992年6月，经济法学科申报省级重点学科，时值卢教授的女儿出生，但卢教授并未抛开手头的工作，在其女儿出生的第三天就顶着40度以上的高温，夜以继日地投入申报材料的起草工作，连续奋战一个月，如期保质完成了一系列的文件准备工作。在申报国家级重点学科经济法学科期间，时逢卢教授计算机职称考试，他放弃了所有复习时间，全身心投入申报，确保了各项材料的准备和上报工作，却并未因为自己考试的失意而有任何怨言。在2002年的正高级职称评审中，由于卢教授投入国家级重点学科申报工作而影响了计算机职称考试，学校鉴于其突出贡献，研究决定对其破格推荐，并得到了重庆市人事局的准许，但卢教授本着严于律己的原则，毅然放弃了这次机会，并于次年以优异的成绩通过了计算机职称考试后重新申报并获通过。

团队成员黄茂钦教授认为，经济法教学团队获此殊荣，是全体教师齐心努力之果。"在日常工作中，整个团队的气氛非常和谐融洽，于合作中竞争，于竞争中合作，和衷共济，互助共进是团队最主要的特征。"黄茂钦说。真抓实干是追求卓越不可或缺的品质，经济法教学团队的老师尤其注重这一点，他们结合自身优势发展的同时不断学习，提升自己的职业素养和业务水平。为此，团队中涌现出一批国家级人才，第三届中国杰出人文社会科学家、教育部"新世纪优秀人才支持计划"入选者、中组部首批"青年拔尖人才支持计划"入选者、重庆市两江学者特聘教授。黄茂钦表示，他特别感谢老师们始终以团队的利益为重，不计个人名利，任劳任怨。

在日常教学科研中，一起讨论、一起备课、相互交流已经成为经济法教学团队的习惯。"我的教龄短，经验不足，在教学过程中经常向前辈请教问题，探讨教学方法，学习制作课件，他们都会热情地帮助我，倾囊相授。"青年教师谭贵华说。教学团队在发展中形成了独特的老中青"传帮带"模式，此模式为青年教师教学科研能力的提升提供了有力保障，在增强整个团队的凝聚力的同时也为不断培养出后备力量奠定了基础。该团队也被评为国家级教学团队，承担的"经济法学"课程被评为国家级精品课程。

经济法专业2011级博士刘中杰对自己所在的经济法教学团队所取得的成绩感到自豪。她说，团队老师们有着深厚的学术功底，严谨求实的作风，温和平实的态度，她有幸于硕博阶段深入经济法"腹地"，"在各位良师的指导下，我从懵懂青涩逐步领悟到法律的真谛和人生价值，选择经济法专业，跟从岳彩申、盛学军、卢代富、叶明等这些良师是我最为明智的选择"。

严谨求实·恪守治学根本

治学治校需要严谨求实，经济法教学团队的建设和发展更是体现了西政人的这一精神。"'严谨求实'体现了一种为学的原则，一种做事的态度，一种做人的品格。"卢代富说道。

团队主要成员、西南政法大学副校长岳彩申教授不但在《中国社会科学》《中国法学》等刊物发表论文、主持教育部重大攻关项目，而且在教学科研中高标准、严要求，在学生中是出了名的。他对学术始终秉持高度负责的态度，对于学位论文没有达到要求的研究生，打破情面坚决不予推荐参加答辩。

"这种'严谨求实'的态度也是传承自老一辈经济法学人的优良传统。"卢代富回忆起自己在校读书期间的点点滴滴，"西南政法大学经济法学科的创始人之一、全国杰出资深法学家种明钊教授是个非常敬业的老师,比如我们在学术探讨的过程中,有些引语表述上不清楚时,他回去必然查原著,核对清楚了再告诉我们。他循循善诱的学术指导,谦和严谨的治学作风让我们由衷地敬佩,这种严谨求实的态度一直传承至今。"

除了治学需要严谨求实外,做学问、搞科研也同样需要严谨求实,需要耐得住寂寞,抵得住诱惑。"不管什么时候都要守住自己的学术良知。"张怡教授认为,学术良知才是一个学者做人和取得学术成就的基础。多年来,张怡教授把浮华和诱惑拒之门外,拒绝参加与教书育人和学术研究无关的活动和应酬,甚至多次拒绝媒体的采访,选择了苦行僧一般的生活,潜心读书与治学。她将无数心血、毅力和宝贵的年华交给了沿途的雨雪风霜,身后则留下了一串深深的脚印。她拒绝书斋里的凭空想象,多次带领学生深入基层调研,从实践中来,到实践中去,发现社会到底发生了什么,又需要什么,让自己的所见、所闻、所思能够通过一定的渠道反映出来,以便对中国现实问题的解决有所助益。这种严谨求实的态度和作风深深地影响着团队中的每一个人。

"全国高校黄大年式教师团队"这一荣誉的取得,对西南政法大学经济法教学团队而言,既是出发点也是新起点。团队成员以黄大年同志为榜样,心有大我、至诚报国、教书育人、敢为人先、淡泊名利、甘于奉献,把爱国之情、报国之志融入法治中国建设之中,从自己做起,从本职岗位做起,为实现"两个一百年"奋斗目标、实现中华民族伟大复兴的中国梦贡献智慧和力量。

(来源:中华人民共和国教育部网站,有改动)

4. 重庆邮电大学信息通信理论与技术教师团队先进事迹

以王汝言为团队负责人的信息通信理论与技术教师团队,是一个忠诚于党的教育事业、勇于奉献、敢于创新、团结协作的团队。团队每一位老师热爱教育事业,都具有良好的职业道德和崇高的敬业精神,无论是从事教学、科研,还是兼任教学管理工作,总是把教书育人、敬业奉献放在首位。团队负责人王汝言教授更是以自己严谨治学、勤奋工作、诚恳待人、无私奉献的精神感染和影响着团队成员以及他周围的学生和老师。信息通信理论与技术教师团队为我校师生员工树立了学习的榜样。

至诚报国,模范践行社会主义核心价值观思想是行动的先导,有什么样的思想就会有什么样的行动。信息通信理论与技术教师团队始终以坚持共产党理想信念、贯彻党的教育方针、培养社会主义合格建设者为团队发展的指导思想,努力培养社会建设与发展需求相适应的高素质优秀人才。团队坚持利用每周例会的时机,集中半小时学习党的教育方针和习近平系列重要讲话精神,再结合教学科研工作进行讨论,分析研判教育教学以及科研工作中涉及老师和学生思想上的新问题新动向,在这个过程中培养团队老师牢固树立理想信念,培养高尚的道德情操。只有让团队所有老师树立了正确的思想观念,才能把这种共产主义理想信念传递给每个学生;只有团队所有老师具有高尚的道德情操,才能培养出具有社会责任感、具有正能量的学生。团队成员中吴大鹏、张祖凡、雒江涛、余翔、熊余、黄沛昱、徐川、徐勇军、徐鹏等老师都有过一年以上国外学习、研究的经历,在团队的这种树立远大理想、立志报效祖国的氛围感染下,都回到了国内,目前都成长为学校的教学科研骨干;团队成员应俊老师还获得学校"十佳师德标兵";作为团队负责人,王汝言教授以身作则,率先垂范,受到同事和学生的尊敬,他获得了全国优秀教师、重庆市"教书育人楷模"等荣誉称号,并作为重庆市教师代表光荣地出席了"纪念中国人民抗日战争暨世界反法西斯战争胜利70周年大会",还被光荣地遴选为重庆市第五次党代会代表。

教书育人,做学生喜欢的老师、学生成长的引路人。在信息技术高度发达的今天,要当学生喜欢的老师不容易,信息通信理论与技术教师团队为了上好课,团队坚持集体备课,集体研讨课程教学方法。团队所承担的现代交换原理、移动通信原理、通信网络等专业课程,充分结合了团队科研成果,将最新的专业知识传授给学生;即使是重复上过的数字电路与逻辑设计、嵌入式开发等课程,团队也在开课前、学期中和课程结束后集体研讨教学方法,将新的教学手段融入教学,获得了很好的教学效果,受到了学生和同行专家的一致好评。团队每个成员所承担的课程在学校进行的"学评教"和专家评教中"优秀率"近五年都达到100%。2013年以来团队成员17人次获得学校"优秀教师"荣誉称号、7人次获得学校"课堂教学优秀奖",2人次获得"十佳师德标兵"荣誉称号,团队所承担的"现代交换原理"入选第一批国家级资源共享课,团队负责人王汝言教授还获得重庆市高层次人才特殊支持计划(重庆市教学名师培养计划首批人选)支持,并获得了"重庆市名师"称号。

团队每一位老师都特别注重学生的个性发展,注重培养学生的进取精神、创新意识、团队意识,引导学生做好职业生涯规划。团队所有老师都担任过班导师,所担任班导师的班集体先后获得重庆市"先进班集体""先进班集体标兵"等荣誉称号。这些班集体的学生毕业后无论是升学质量还是就业质量都名列年级前列,为此团队成员获得学校"优秀班导师""就业工作先进个人""优秀社团指导教师"等多种称号。团队成员不仅关心学生的学习,还关心学生的生活。团队负责人王汝言老师逢年过节,只要在学校,就会邀请未回家的学生到家里过年过节,团队成员还捐钱资助贫困学生路费让学生回家与家人团圆。正是这些对学生学习上的指导和激励、生活上的关心和帮助,让学生们喜欢与团队老师交流,乐意与老师做学习和人生道路上的知心朋友。

教研融合,积极从事教学研究,促进教学水平和质量的提高。好的教学理念、教学方法、教学手段是保障教学水平和提高教学质量的基础。团队成员在完成好教学任务的基础上,积极开展教学研究和教学改革建设工作。近年来,团队成员主持了包括重庆市高等教育教学改革研究重大项目、全国工程硕士专业学位教育指导委员会重大教改研究项目在内的校级以上教学改革项目20余项、编著教材8部、发表教改论文7篇、入选国家级精品资源共享课1门、国家级工程实践教育中心1个、国家级大学生校外实践教育基地1个和国家级虚拟仿真实验教学中心1个。团队应俊、刘乔寿、黄沛昱等老师还积极推动开放式实验教学改革。这些教学改革项目的实施,对于完善电子信息类专业人才培养模式、加强实践环节和动手能力、提高教学质量和学生综合素质发挥了非常重要的作用。为此,团队成员近5年先后获得了国家级教学成果二等奖1项、重庆市教育教学成果奖3项、校级教学成果奖3项。

因材施教,推进学生综合素质提高和创新能力的培养。团队成员充分发挥科学研究与教学研究于一体的优势,积极指导学生参加课外科技活动和各种科技竞赛,团队成员王汝言、应俊、黄沛昱、刘乔寿组成的电子竞赛指导核心团队,承担了我校全校电子竞赛的指导及组织工作,并取得了显著的成绩。近5年来,经团队成员指导先后80余人次获得"挑战杯"全国大学生课外学术科技作品竞赛、全国大学生电子设计竞赛等赛事的全国奖,其中42人次获全国一等奖;150余人次获得市级奖,为此,团队多名成员获得"全国大学生电子设计竞赛优秀赛前辅导教师""挑战杯"全国大学生课外学术科技作品竞赛优秀指导教师等国家级、重庆市级、校级荣誉称号20余次;团队成员指导学生申请大学生科研训练计划项目20项、研究生创新教育计划项目6项;吸纳34名本科学生参与团队的科研项目研究。

开拓创新,促进科研成果转化,有效地服务社会、服务学生培养。结合学校地处西部、行业特色鲜明的特点,团队将科技创新定位于服务地方经济发展、服务行业科技进步、服务学生能力培养。近5年,团队成员承担了包括国家863、国家科技重大专项、国家自然科学基金项目在内的科研项目31项,经费1370余万元;获得重庆市科技进步奖一等奖1项、二等奖1项,技术发明奖一等奖1项;发表学术论文210余篇,其中被SCI和EI检索收录140余篇次、SCI一区二区文章20余篇;申请国家发明专利60项,软件著作版权10项,出版著作2部。团队还积极地将科研成果转化为生产力,先后与本地企业联合承担国家物联网专项,积极参与北京智芯微电子科技有限公司、贵州力创科技发展有限公司等企业创新,解决企业的技术难题,同时结合学校的优势,近5年团队为行业企业开展交流培训30余次,直接参与人员累计730余人。团队将科研成果转化为教学资源,充实学生实验项目、课程设计和毕业设计选题,提升了教学效果。为了更好地服务社会,团队成员先后11人次担任国内一级学会和一级行业协会委员,以及国内外期刊编委等公共学术事务。

团结协作,发挥团队凝聚作用,注重培养和促进青年教师的成长。通过团队建设,让团队每一个成员都能充分发挥自己的内在潜力,共同进步,是团队可持续发展的重要保障。为了使青年教师更快地成长,充分发挥团队教授的作用,科研项目申请方面,团队采用集体讨论项目内容、集体修改完善申报书,重点难点问题集体出谋划策等方式,使团队具有博士学位的青年教师都获得了国家自然科学基金项目的资助,都成为学校和科研团队的科研骨干力量;教学方面,采用集体备课、互相听课、集体研究教学方法和教学方式的策略,使青年教师教学能力显著提高。通过实施老中青传帮带机制,近5年,团队中有2人晋升为教授,其中1人为破格晋升;5人晋升副教授;1人被评为重庆高校巴渝学者特聘教授,1人获得重庆市科技创新领军人才培养计划资助、2人获得重庆市高等学校青年骨干教师资助计划资助;17人次获得学校年度优秀教师。

（来源:重庆工程学院新闻中心,有改动）

5.重庆工业职业技术学院汽车制造类专业群教师团队先进事迹

作为重庆市高职院校中唯一被认定的首批"全国高校黄大年式教师团队",重庆工业职业技术学院赵计平教授领衔的"汽车制造类专业群教师团队",以国家级大赛为抓手,从汽修的每个细节着手,培养大学生们的"大国工匠"精神。

赵计平是重庆工业职业技术学院资深教授,也是国家首批示范院校汽车检测技术与维修重点专业带头人,入选"2019年全国最美教师"。26年的职教生涯中,赵计平培养了数以万计的高素质技术技能人才,对职业教育有其深刻的理解。

1993年,赵计平开始执教。她教授汽车维修课程时发现,学生们往往早已忘记此前学的汽车材料、运行原理等知识。这是课程架构出了问题。她还发现学生喜欢讨论的上课方式,但老师为了控制教学进度往往以讲授为主,这是教学方法的问题。还有一个问题是上课实训设备不够,靠老师理论讲授,学生难以理解。课程架构、教学方法、实训资源,这三大职教问题,导致教育出来的学生与企业的需求并不对路。

2003年,在中国政府与澳大利亚政府联合开展的双边项目——中澳(重庆)职业教育培训合作项目基础上,赵计平所在的教师团队围绕"汽车医生",建立国内汽车行业第一个《汽车维修技术人员培训能力标准》(以下简称《能力标准》),引领职业标准建设,创新和实践了"能力标准、课程体系、职业证书"三位一体人才培养模式。

她说,国家的评定标准比较宏观,而《能力标准》对知识点、技能点等做了详细说明,且在此基础上构建模块化课程,更利于教学工作开展。以往,高职院校招收的全日制学生大多是一张白纸,到二年级下学期才学习专业课程。改革后,一年级就有汽车维修能力模块的学习,第二学年是较为复杂的汽车总成维修(包括发动机、转向器等),三年级时再学习解决汽车综合故障(2个总成以上发生故障)。

教师方面也是改革的重点。赵计平说,学校重视对老师的培训,包括到国外汽车品牌厂家学习,提升自身的技术水平;同时还要提升职业教学能力。赵计平本人就拿到了澳大利亚车辆维修技术四级证书和教师四级证书。

谈到教法改革时,赵计平颇为感慨。职业教育与普通教育是两种不同的教育类型。以前,社会刻板印象是职教学生学习成绩比较差、学习习惯不好,企业也对学生能力不是很满意。在长期教学实践中,赵计平认为接受职业教育的学生与接受普通教育的学生只是学习风格不同。接受普通教育的学生善于用逻辑思维方式学习。接受职业教育学生善于用右脑,通过图形、视频学习,九成学生喜欢边说边做,动手能力强。

教材方面也有改革。传统教材多用剖面图。改革后的教材多用实物图、立体图,且以企业标准制定教学内容。教学活动也随之改变。"我的课一般最多讲授20分钟。"赵计平说,剩下的时间,学生通过讨论、看图说话、游戏、展示互动等方式学习,课堂时间过得很快,学生也学到了新东西。

"我经常跟学生说,你们不笨,你们是最聪明的,只是以前的教学方式没有发挥出你们的风格和特长,才导致成绩不如别人。"赵计平说,很多孩子进校后激发了学习热情,"教学就是要对上学生的路子"。

2003年成立上述教学改革的试点班,首批100多名毕业生就大受欢迎。学生应聘时"不敢说自己的专业、怕招聘单位问相关问题"的情况成为历史。

多年来,一个试点班(专业)发展成为专业群。根据汽车产业链构建起来的"车检测与维修技术专业群",包括新能源汽车技术、汽车电子技术等多个专业。这些专业都用新的方式教学。一个年级规模约500人。不少毕业生进入国外汽车品牌厂、维修厂、企业国际部工作,涌现出一大批汽车销售冠军、服务经理、技术经理以及企业家等。"使无业者有业,使有业者乐业",职业教育终极目标在此实现。

国家级教学成果奖2项、省部级教学成果奖8项……荣誉纷至沓来。回顾26年教学生涯,赵计平告诉中新网记者:"最大的收获就是孩子们成才了。"

(来源:中国新闻网,有改动)

重庆市最美教师

重庆市委宣传部、市文明办、市委教育工委、市教委等联合发布了2022年重庆市"最美教师"名单,向全市所有的老师、教育工作者致敬。詹远美、童敏、李欣怡、金维山、杨亚梅、李旭、罗进、蒋斌、李宏等10人受表彰。

他们中,有的把"让更多的孩子享受更好更公平的教育"作为追求,多方奔走、完成两所幼儿园的改扩建,努力为孩子们营造安全宽敞的活动环境;有的带领团队实施了200余项改革,让学校迅速崛起;有的热爱特殊教育事业,关心爱护残疾孩子,用真心、爱心、耐心和恒心,照亮残疾孩子成长的路;有的肩负着援藏使命,积极推动学校管理制度化,提升昌都学校办学质量;还有的领衔创新研究团队,推动产学研创,服务多个头部企业,应用效果显著……他们涵盖了幼教、中小学、特教、职教、高教等各级各类学校一线教师,师德师风和教书育人实绩突出、事迹感人,具有广泛的代表性和示范性。

(来源:重庆日报网)

1.詹远美同志先进事迹

詹远美,女,重庆市第十八中学高中数学教师。"为每一位学生铺就一条阳光之路,让他们的人生都有出彩的机会。"秉承这样的教育理念,詹远美把每个学生都看作自己的孩子,给予最精心的呵护和关爱。从教26年来,作为班主任老师,她以校为家,潜心教书,无私奉献,培养出多名国内双一流大学学子,深受学生和家长欢迎。

她任教26年,一直担任班主任,送走了11届毕业班学生,近500名优秀学子进入国内"双一流"大学学习。从教以来一直秉持"坚持写好每一个教案,细心上好每一节课,耐心辅导每一个学生,诚心对待每一位家长"的理念,潜心教书育人。为打造高效精准课堂,她积极开展教研活动,自编《高中教材全套学案》《高三复习教辅资料》,获得了学生和家长一致好评,取得了良好的教学效果。所带班级多次被评为市区级先进班集体,个人曾获全国模范教师、全国高中数学教师优质课大赛一等奖、重庆市三八红旗手等称号。2019年9月5日,被人力资源和社会保障部、教育部授予"全国模范教师"称号,享受省部级表彰奖励获得者待遇。2022年9月,被评选为2022年重庆市"最美教师"。

自编"数学解题方法"让学生更全面系统地学习

1996年,詹远美大学毕业进入十八中,成为一名高中数学老师兼班主任。她认真备课,研究教材教法,坚持写详细教案,她深知,高超的教学水平才是最值得学生景仰的,可以让学生从心里佩服,谆谆教诲才能真正地进入学生内心。

为了打造高效精准的课堂,更有效地给学生传授知识,詹远美根据每年的教学要求和学生情况及时更新教案,最大化地提高学生们的学习效率。她还花了大量的时间,整理、融合各种资料,专门提炼总结了一套涉及基础知识讲解、复习技巧、例题、巩固练习、测试的"学解题方法",让学生更全面、系统地学习。

在课堂上,一个个数字,一条条定理,一套套公式……在詹远美的讲解下鲜活起来。再复杂的数学题目,在她手中都会被分解成最基本的知识点,让同学们恍然大悟。

"这样,我们上课时更容易理解,课后练习更加精准,我们的知识点掌握更加牢固了。"重庆十八中高三学生吕祖灿说。学生邹雨衫说:"詹老师上课特别生动,上她的课时间过得特别快,意犹未尽。"

"每个学生的情况不一样,教学方法不能一成不变,减负提质给我们老师的要求更高,作为老师,要多学习勤钻研、精准把控、因材施教。"詹远美说。

细心呵护每一位学生　做他们的好朋友和知心人

除了提高学生们的学习兴趣,作为班主任老师,26年的教育教学工作,詹远美融入了自己最真挚的情感。她每天到校最早,离校最晚,到班巡查最勤,让学生在繁忙的学习之余感受到了满满的温暖。

"现在的孩子学习压力很大,作为班主任,我想让每个孩子在成长过程中都充满快乐。"每当学生情绪有变化或遇到困难时,詹远美总能及时察觉,迅速给予帮助和解决。曾经,一位学生突然变得沉默寡言,写的周记也流露出负能量,她意识到这位学生心理上可能出现了问题。为了避免这位同学自尊心再受到伤害,她对全班同学进行了心理摸底测试。了解清楚原因后,她立即联系家长,积极配合心理老师,循循善诱,逐渐减轻他的心理负担。

正是因为有了这份细心呵护,詹远美成了学生的好朋友和知心人,学生们都愿和她聊天,她的班里积极向上、团结友爱,所带班级多次被评为市区级先进班集体。

"教育是教学相长的统一体,教师和学生是一对相互依赖的生命、共同成长的朋友,每一个学生都有不同的个性,根据他们的个性走近他们,以心换心,因材施教得到的是教师和学生共同成长的幸福。"平凡造就伟大,26年的教师生涯,詹远美把学生的一点一滴记在心里,她把学生的每一步成长都融进了自己的人生经历之中。

(来源:上游新闻,有改动)

2.童敏同志先进事迹

童敏,女,重庆市武隆区示范幼儿园党支部书记、园长。

从教23年,她把"让更多的孩子享受更好更公平的教育"作为追求,多方奔走完成两所幼儿园的改扩建,并依托武陵山区自然资源优势,因地制宜变好看的幼儿园为好玩的幼儿园,让"幼有所育"走向"幼有优育",她就是重庆市武隆区示范幼儿园党支部书记、园长童敏。今年教师节,童敏被授予2022年重庆市"最美教师"称号。

1999年,童敏从万州幼师毕业,成为一名幼儿教师,2007年她走上了园长的岗位,成为一名幼儿园的管理者,让更多的孩子享受更好更优质教育的梦想也开始生根发芽。

"学前教育是孩子形成良好个性品质的关键阶段,我的使命就是要用爱养育、用心教育,帮助孩子们'扣好人生的第一粒扣子'。"在童敏的眼里,每个孩子都是独一无二的,他们就像一面镜子一样,是最纯真的,老师的爱也需要更加纯粹,才能真正地赢得孩子们的喜爱。

在课堂上,她总是放慢语速、俯下身子,倾听孩子的心声。当孩子身体不舒服时,她抱着搂着;当孩子哭闹时,她轻言细语地安慰……在她的工作辞典里,从来没有"脏、累、苦"等字眼,有的只是对幼教、对孩子满腔的爱。

一位叫朵朵的孩子,性格十分内向,甚至有些自闭、话说不清,各项能力明显低于同龄儿童,但童敏并没有放弃她,她要让朵朵和其他孩子一样,回归幼儿的天性,健康成长。童敏提出了"让孩子像花儿一样自然绽放"的办学理念,并着手建构起"自然教育"的办学体系。

"武隆的自然资源特别丰富,当时我就在想,为什么不把这么好的大自然搬进幼儿园。"童敏于是着手为孩子们打造了一个集观察、运动、探究为一体的"生态园"。崎岖不平的地形,提高了孩子们的运动能力,竹梯、轮胎、铁桶随意搭建的"攀爬区"锻炼了孩子们勇攀高峰的意志力,涂鸦区的纸盒、蛋壳、碎布等废旧材料的组合变化,又培养了孩子们天马行空的想象力。

"在倡导自然的环境中,朵朵的天性也被激发出来了,她很快融入了集体生活中,通过童园长三年的努力,朵朵也达到了同龄幼儿的智力和智商水平。"幼儿园老师代玲玲说。

把大自然搬进园内,并没有让童敏满足,随即,她又开启了"我爱大自然"的神奇之旅,把课堂搬进了大自然,为孩子们打开了更为广阔的世界。"让孩子们再回到真实的大自然去,是因为大自然有着更丰富的色彩,有更多更奇妙的世界等待他们去发现去探索。"

"我们的自然教育,强调的就是顺应天性、尊重个性、激发灵性,我们想保持幼儿天性的一种自然状态,从而从小培养孩子们的抗挫能力、责任担当的精神勇气。"23年幼教生涯,童敏用纯粹的爱,呵护着孩子们健康茁壮地成长。

（来源：上游新闻，有改动）

3.李欣怡同志先进事迹

李欣怡,女,重庆市特殊教育中心体卫艺主任。她热爱特殊教育事业,关心爱护残疾孩子,用真心、爱心耐心和恒心,照亮残疾孩子成长的路。她带领学校啦啦操队赴美国奥兰多参加啦啦操世界锦标赛获得亚军;指导扬帆合唱团在全国残疾人文艺汇演中获得一等奖;率扬帆管乐团与中国国家交响乐团、中国人民解放军军乐团等国内顶尖专业艺术团队合作,先后登上北京音乐厅、国家大剧院的舞台参加公益音乐会,在解放军军乐厅、重庆大剧院举办专场音乐会,并参加了北京2022年冬残奥会开幕式演出,向全世界展示了中国残疾人自强不息、乐观进取的风采。2021年、2022年先后被评为南岸区优秀教师、南岸区优秀教育工作者。2022年9月,被评为2022年重庆市"最美教师"。

2022年3月4日晚,北京冬残奥会盛大开幕。聚光灯下,一群孩子激情奏响国际残奥会会歌《未来赞美诗》,演绎"完美118秒"。让人难以置信的是,演奏者是来自重庆市特殊教育中心扬帆管乐团的44名视障孩子。

那一刻,舞台后一直注视着孩子们的重庆市特殊教育中心体卫艺处主任李欣怡早已激动得热泪盈眶。2022年9月10日,在接受重庆日报记者采访时,她说："我为孩子们感到骄傲和自豪。"

时间回到2021年11月,扬帆管乐团接到参加冬残奥会开幕式的演出任务,李欣怡被指定为带队老师。她根据冬残奥会开幕式导演组的要求,在学校里挑选了80名音乐天赋较强的孩子。

"孩子们有视力缺陷,要排练新曲子的难度非常大,只能通过反复听旋律,几个节拍几个节拍地反复练习。"李欣怡说,由于冬残奥会的保密要求,演出的曲谱只能提前一个月给他们,这意味着,孩子们必须在一个月内完成排练,压力非常大。

曲谱传来后,李欣怡便带着孩子们开始了紧锣密鼓的封闭集训。从一个音符一个音符记谱,到一个音节一个音节成调,孩子们特别认真、刻苦,除了吃饭睡觉,乐器几乎不离手。训练过程中,有孩子的手被弦划破,有孩子的嘴角磨破,李欣怡看在眼里,疼在心里。

"我始终陪在他们身边,告诉他们,老师永远都在。我要成为他们最大的依靠。"李欣怡说。

最终,他们的努力换来了成功。当孩子们演奏完,数万名现场观众集体起立,以海啸般的掌声致敬这群特殊的孩子。

孩子们成功了,李欣怡却哭了。

"关心、呵护孩子们,鼓励他们成为被社会需要的人,是我们的责任。我要帮助他们,让他们看到五彩斑斓的人生。"她说。

从教11年来,李欣怡带领孩子们一路前行。如今,她教过的孩子们,有的在大学继续深造,有的已经顺利走上了工作岗位。在不同的舞台上,他们在发光发亮,书写着各自精彩的人生。

"虽然孩子们看不到身边的世界,但是通过我们的努力,可以让世界看到视障孩子们的精彩人生。"李欣怡说。

(来源:重庆日报)

4.金维山同志先进事迹

金维山，男，重庆市万州区恒合民族学校校长。他扎根山区学校潜心育人38年。曾经作为一名民办教师蹲守万州区最偏远的普子小学普安村小工作10年，因教学成绩突出，1995年民师转正后调入白土中学，在白土中学分管教学工作的8年里，学校连续7年获万州区教学质量一等奖，2015年他受命任万州区恒合民族学校校长。面对当时一盘散沙的恒合民族学校，他下大力气整治学校人心浮动、士气涣散、得过且过的痼疾，使学校在校生人数由逐年萎缩到逆势增长，最终成为万州区规模最大的九年一贯制学校，得到了当地政府和群众的高度认可。2016年至2021年，学校连年荣获万州区教学质量一等奖，2017年至2021年获万州区年度综合考核一等奖，学校被评为2021年度"重庆市民族教育特色学校"。2022年9月，金维山被评选为2022年重庆市"最美教师"。

敢于"硬碰硬"，他让教学改革"掷地有声"

"2015年，我刚到恒合民族学校时，就有热心的老师提醒我，只要学生不违纪、不打架就够了，学校本身是很难提高的。"金维山说。他不服气，决定要以壮士断腕的勇气和决心，对学校进行深层次改革。

出台了年度考核、评优选模、评职晋级、绩效考核和教师调出等制度后，金维山却发现，老师们执行得非常不到位，大多应付了事。

一次，他去听了一位老师的随堂课，当场就查到该教师未备课，课件是网上下载的。"这位老师也认为，我出台的改革措施只是做做样子，走走形式。"当天，金维山就在全校点名批评了该教师，并宣布按旷工扣分、扣奖励性绩效。这时,老师们才知道,金维山是要下决心"硬碰硬"。

"金校长增强了我们的责任感,时时刻刻提醒我们,要将所有的精力放到教育教学上面。"教师陈云琼说。金维山的改革让学校发生了翻天覆地的变化。

2016年至2020年,恒合民族学校连续五年获万州区教学质量一等奖,近三年中考均列万州区前四名,2016年、2020年获万州区年度考核一等奖。

教书38年,他的心里始终装着教师和学生

时至今日,金维山已有38年教龄。他经常住在校内,数次连夜把生病学生送到医院。

2019年秋,学生金君森周末在前往学校的路上休克。金维山听说后一路飞奔赶到现场,一边对君森实施急救,一边安排车辆把他送往医院。第二天,君森在外务工的家长赶来,拉住金维山的手不停感谢。

"我出生在乡村,从小就知道文化对于振兴乡村的重要性。所以我坚信,教好一名学生就可以改变一个家庭,办好一所学校可以造福一方百姓。"在金维山心中,永远装的是教师和学生。

姜晓月是金维山现在的学生,对金维山这位校长,她是这样评价的:"金校长常说,我们山里的孩子只要能吃苦,也能成为国家栋梁。是他让我们有了前进的方向,给了我们奋斗的目标。"

2022年秋季学期已经开始,金维山又有了新目标:和学校全体教职员工一起,抓住乡村振兴的机遇,落实"双减"政策,让学校的教育教学质量再上一个台阶。

（来源:华龙网,有改动）

重庆市高校黄大年式教师团队先进事迹

为深入学习贯彻习近平新时代中国特色社会主义思想,贯彻落实习近平总书记在哲学社会科学工作座谈会上的重要讲话精神,贯彻落实中央及市委关于加快构建中国特色哲学社会科学的意见精神,推动高校哲学社会科学创新发展,培育和建设一批具有较强科研创新能力、能为国家和重庆市经济社会发展解决重大理论和现实问题的优秀社科创新群体,决定开展高校哲学社会科学协同创新团队申报工作。根据《重庆市教育委员会办公室关于开展高校黄大年式教师团队培育工作的通知》精神,经高校推荐,市教委组织专家评选,从2019年开始评选重庆市高校黄大年式教师团队。

2019年10月,重庆市教育委员会公示了10个首批"重庆市高校黄大年式教师团队",包括重庆大学电网装备安全与自然灾害防御教师团队、西南大学土壤肥料学教师团队、西南政法大学中华法文化传播教育教师团队、重庆电子工程职业学院人工智能技术与应用教师团队、重庆邮电大学工业物联网与自动化教师团队、重庆工业职业技术学院模具数字化设计与制造专业群教师团队、重庆第二师范学院食品药品与人类健康教师团队、重庆医药高等专科学院药学服务与药品生产技术教师团队、重庆航天职业技术学院软件技术专业教师团队、重庆财经职业学院财务会计专业群教师团队。

2020年12月，重庆市教育委员会公示了10个第二批"重庆市高校黄大年式教师团队"，包括重庆大学李百战可持续建筑环境教师团队、西南政法大学孙长永刑事法一体化教师团队、四川美术学院科技艺术与社会创新艺术团队、重庆理工大学陈旭会计信息化教师团队、长江师范学院杜春雷智能感知与大数据技术应用教师团队、重庆科技学院戚志林非常规油气开发教师团队、重庆电子职业工程学院陈良物联网应用技术教师团队、重庆工业职业技术学院王硌烽人工智能与大数据专业群教师团队、重庆工程职业技术学院刘铭机电一体化技术应用研究与教学教师团队、重庆城市管理职业学院喻永均思想政治理论课改革创新教师团队。

2022年1月，重庆市教育委员会公示了24个第三批"重庆市高校黄大年式教师团队"，包括重庆大学非常规天然气高效开发与利用教师团队、西南大学教育学"职业教育融通与课程教学统整"教师团队、重庆邮电大学光电信息感测与传输技术教师团队、重庆交通大学智慧桥梁教师团队、四川外国语大学《习近平谈治国理政》多语种版本"三进"教师团队、重庆电力高等专科学校发电厂及电力系统专业教师团队、重庆电子工程职业学院现代移动通信技术教师团队、重庆工业职业技术学院数字创意设计教师团队、重庆水利电力职业技术学院水利水电建筑工程专业群教师团队、重庆工商职业学院物联网应用技术专业群教师团队、西南政法大学民商事法一体化教师团队、重庆医科大学传染病学教学教师团队、重庆师范大学体育教学训练一体化教师团队、重庆工商大学会计专业教师团队、重庆理工大学节能与新能源汽车关键零部件先进试验检测技术与装备教师团队、重庆文理学院材料科学与工程教师团队、重庆对外经贸学院数字经济创新教师团队、重庆医药高等专科学校全科医学与慢病照护教师团队、重庆航天职业技术学院无人机应用技术专业创新教学教师团队、重庆三峡职业学院畜牧兽医教师团队、重庆财经职业学院人工智能与大数据技术教师团队、重庆文化艺术职业学院"传承·服务·育人"公共文化服务与管理专业群教师团队、重庆科创职业学院工业机器人技术教师团队、重庆公共运输职业学院城市轨道交通类专业群教学教师团队。

1. 重庆大学电网装备安全与自然灾害防御教师团队先进事迹

重庆大学电网装备安全与自然灾害防御教师团队负责人为重庆大学电气工程学院蒋兴良教授。团队始终坚守教学、科研与生产实践第一线，长期在野外极端环境下进行科学观测与研究。

30余年来，团队师生开石挖方、担砖砌墙，把荒凉的沟坡建设成为国内外第一个集电网、风机、飞机覆冰及防御和输配电装备环境适应性为一体的、面向国内外开放的国际性平台，并完成国家973计划、自然科学基金、西电东送、青藏铁路、特高压等重大工程相关项目60余项。

2018年以来，这支"老、中、青"相结合的创新型研究团队荣获国家科技进步奖特等奖1项，省部级科技奖一等奖5项、二等奖3项等科技奖励。同时，还创建了国家级一流课程2门、重庆市级一流课程6门，获重庆市教学成果一等奖1项。

（来源：重庆大学新闻网，有改动）

2.西南大学土壤肥料学教师团队先进事迹

西南大学土壤肥料学教师团队,负责人谢德体。土壤肥料学教师团队始建于1952年,在中国科学院院士、著名土壤学家侯光炯教授等一批知名学者的带领下,组成了以教学、科研、实践相结合的老中青团队,团队由22名教师组成,其中正高职称10名、博士生导师9人,全国优秀科技工作者1名,农业科研杰出人才1名,享受国务院政府特殊津贴专家2名,重庆英才计划创新创业领军人才1名,重庆市巴渝学者青年学者1名,重庆市学术技术带头人6名,建立了完善的"传帮带"团队建设机制。团队形成了思政教育融入专业教育,以科研服务教学、教学促进科研的协调发展机制,已经成为我国西南地区农业资源与环境领域高级人才培养和科学研究的重要力量。团队教师秉承"精心教书、诚心育人"的理念,爱岗敬业,为人师表,在教育教学、人才培养、科学研究、社会服务等方面均取得显著成果。创建"全国高校黄大年式教师团队"是教育部党组贯彻党的十九大精神,落实习近平总书记对黄大年同志先进事迹重要指示精神的重要举措,以团队建设形成长效机制,崇尚榜样力量、礼敬先进典型、奋勇争做先进,成为教育系统的常态。土壤肥料学教师团队的入选,是学校以师德师风建设为核心,师资培养工作的成果,也是学校争创特色鲜明世界一流大学进程中的又一项标志性成果。学校将以此为契机,深挖师资建设内涵,夯实队伍建设基础,加强师德师风建设,加大教师培养力度,为学校高质量发展提供坚实的人才队伍保障,为培养德智体美劳全面发展的社会主义建设者和接班人、全面建设社会主义现代化国家不断作出新贡献。

(来源:西南大学资源环境学院网站,有改动)

3.重庆邮电大学工业物联网与自动化教师团队先进事迹

重庆邮电大学工业物联网与自动化教师团队,负责人王平。王平教授无私奉献、治学严谨、为人师表,三十年来如一日,每天总是第一个到实验室,先后获得全国优秀教师、国家有突出贡献中青年专家等称号,被中国科协聘任为第六批全国首席科学传播专家,先后获得国家技术发明奖二等奖、国家科技进步奖二等奖。团队传承重邮人"通信报国"红色基因,坚持"心有大我、至诚报国"的坚定信念。国外博士魏旻、朴昌浩,海外研修的李永福、李锐、胡向东等老师先后加盟或回归团队,用心教学、潜心科研,目前都成长为学校的教学科研骨干。魏旻博士牵头组建科技部"一带一路"联合实验室、主持亿级重大项目;王恒老师34岁成为863主题项目首席专家、主持2项国家重大项目;10位老师先后获得校级"十佳师德标兵""十佳青年教师"等荣誉称号,胡向东教授成为"重庆市教书育人楷模",魏旻教授成为"重庆市教育系统优秀共产党员",团队获得"重庆市教育系统先进集体""重庆市研究生导师团队"等荣誉。新增国家级省部级人才20余人次、省部级教学科研团队8支。6位40岁以下的青年教师成为国家863主题项目首席专家、重庆市学术技术带头人、重庆英才计划创新创业领军人才等;魏旻、王恒、李锐等领衔的团队获得重庆英才计划创新创业示范团队、重庆市高校创新研究群体等称号。近年来,经团队成员指导先后150余人次获得中国国际"互联网+"大学生创新创业大赛、"挑战杯"全国大学生课外学术科技作品竞赛、中国工程机器人大赛暨国际公开赛等赛事的全国奖,涌现出"全国先进班集体"、造血干细胞捐献"英雄"、"抗疫先锋"、"重庆市向上向善好青年",培养出省级"劳动模范"和"技术能手"。自动化、测控等专业成为国家级一流专业、通过工程教育认证,自动化还成为国家级特色专业和卓越工程师计划专业,控制学科成为重庆市一流学科。

团队具有不落后的拼劲、不服输的闯劲,拥有领跑引跑的追梦人情怀,建成国家地方联合室、科技部"一带一路"联合实验室和教育部重点实验室等创新平台,承担国家及省部级项目200余项(其中牵头国家重大重点项目11项),突破了精确时间同步、确定性调度、异构互联等工业物联网核心技术瓶颈,解决了时间敏感网络、工业SDN、边缘计算、功能安全等工业测控关键技术难题,形成芯片、协议、网络、设备、标准等系列自主可控成果,研制成功全球唯一支持三大工业无线国际标准的SoC系列芯片(腾飞系列SoC芯),研发的"行者一号"步行机器人被美国Discovery新闻评为"2015十大科技纪录突破"之首。主导制定7项国际标准(主编辑3项,联合编辑4项),10人次担任国际标准研究项目召集人,牵头制定的国际标准ISO/IEC 21823-2被德国工业4.0标准化路线图推荐为参考标准。近年来,出版专著教材17部,在权威期刊发表论文300余篇,获省部级以上奖励22项(国家技术发明奖二等奖1项)。王恒教授获得重庆市十佳科技青年奖,李锐教授获得重庆市创新争先奖,7人成为国际期刊副主编(编辑)。

(来源:重庆邮电大学新闻网,有改动)

4.重庆工业职业技术学院模具数字化设计与制造专业群教师团队先进事迹

重庆工业职业技术学院模具数字化设计与制造专业群教师团队,负责人裴江红。模具数字化设计与制造专业群教师团队是学校在创建过程中重点培育的一支教师团队,团队教师以"心有大我、至诚报国,教书育人、敢为人先,淡泊名利、甘于奉献"作为行为准则,积极践行立德树人、教书育人根本任务,于2019年入选首批重庆市高校黄大年式教师团队。团队拥有机械行业职业教育领军人物1人、全国技术能手5人、全国青年岗位能手2人、重庆市优秀思想政治教育工作者1人、高校中青年骨干教师1人、优秀教育工作者2人、优秀教师2人、黄炎培杰出教师1人、优秀技能人才1人、英才计划2人等。团队教师以培养德才兼备的高素质技能人才为价值导向,将思政教育融入专业教育,积极探索人才培养模式改革。团队率先提出"现代模具工匠"人才培养目标,创新教学手段,匠心培育"红心人才"。团队成员建成国家精品资源共享课程1门、重庆市高校思政示范课程/一流课程7门,获全国教材建设二等奖1个、国家"十三五"规划教材5本、省级及以上技能大赛奖励25个(全国一等奖5个),主持省级教研/实训基地建设项目26个,经费近1亿;获2021年重庆市教学成果特等奖1个、国家自然科学基金面上项目1个;指导学生技能大赛/创新创业大赛,获国家奖项15个、省级奖项53个;近两百名学生成为中国核九院、成都飞机公司技术骨干,模具专业成为领先全国的人才培养高地。负责人及几位团队骨干具有较高学术造诣和创新性学术思想。团队围绕重庆高端模具产业发展的技术需求,聚焦国家与重庆发展战略,承担教育部"高等职业学校制造大类专业教学标准修订"、"重庆市建设国家统筹城乡教育综合改革试验区项目"等,取得突出成果,获市级通报表扬。他们建设了国家级"模具制造应用技术推广中心",立项重庆高职院校"数字化设计与制造重庆市工程中心"和"晶体生长及其制备高校创新研究群体"2个市级科研团队,承担省级科研项目38个,发表核心论文63篇,其中SCI、EI、CSCD检索28篇。

团队以"修齐治平、兼济天下"为价值航标,为社会培训和公共学术事务咨询无私奉献专家才智。近十年来,累计对中国工程物理研究院、长安集团等单位以及兄弟院校共5000余人次进行了职业培训和技能鉴定,培训农转城技术工340余人次。团队教师积极推进科研成果转化,与重庆多家亿元级模具企业建立长期稳固的合作关系,突破技术难关共取得专利153项,其中发明专利14项,推广新技术16项,转让5项,累计产生社会经济效益3000余万元。

（叶泽阳）

第四部分

明底线·失德警示篇

违反自觉爱国守法相关案例

1.某大学市政与环境工程实验室爆炸案

具体事实:2018年12月26日,某大学市政与环境工程实验室发生爆炸燃烧事故,造成3人死亡。该大学所在地政府随即成立事故调查组,经查,该起事故直接原因为:实验室工作人员在使用搅拌机对镁粉和磷酸搅拌、反应过程中,料斗内产生的氢气被搅拌机转轴处金属摩擦、碰撞产生的火花点燃爆炸,继而引发镁粉粉尘云爆炸,爆炸引起周边镁粉和其他可燃物燃烧,造成现场3名学生烧死。事故调查组同时认定,该校有关人员违规开展试验、冒险作业;违规购买、违法储存危险化学品;对实验室和科研项目安全管理不到位。

处理结果:公安机关对事发科研项目负责人李某某和事发实验室管理人员张某某依法立案侦查,追究刑事责任。

2.某高校国家重点实验室教授魏某某违反保密纪律案

具体事实:魏某某系某高校国家重点实验室教授,2013年7月,参与了某项机密级国家安全重大基础项目的研究工作,并且是其中一个子课题的项目负责人。在承担项目之初,学校组织了专门的科研项目保密管理专题培训,一再强调涉密内容严禁上网。

然而,魏某某却无视保密工作纪律要求,在连接互联网的个人电脑上撰写涉密论文,更为严重的是通过电子邮件将机密级课题协议书及自己撰写的涉密论文提纲发送给其他合作单位。该邮件被国家有关部门截获后,立即通知了该学校。

处理结果:学校在对魏某某调查结束后,给予其行政记过处分,取消其五年内承担涉密项目的资格,并责令其在实验室职工大会上作出深刻检查,负有领导责任的实验室负责人高某也作出了书面检查。

3.某大学某外籍教师违反教学纪律案①

具体事实:2018年9月至2019年10月间,一名外籍教师教学态度不端正、教学方法不严谨、教学效果差,多次违反教学纪律,与学生言谈粗鄙,言语有失教师身份,给学生造成不良影响。

处理结果:根据学校外籍教师管理办法,解除与该名外籍教师的劳动聘用关系,注销其外国人来华工作证,并办理居留许可注销手续,限期离境。

---

① 教育部公开曝光第三批违反教师职业行为十项准则典型案例。

违反坚持言行雅正相关案例

1.某大学教师华某某性骚扰学生案①

具体事实:华某某以辅导毕业设计为由,约学生单独外出,在私家车内对学生有性骚扰行为。

处理结果:根据《中国共产党纪律处分条例》《教育部关于高校教师师德失范行为处理的指导意见》,给予华某某留党察看一年、降低岗位等级处分,调离教师岗位,取消副教授专业技术职务资格、研究生指导教师资格,撤销所获荣誉称号、追回相关奖金,依法撤销教师资格。

2.某职业院校教师刘某与学生发生不正当关系案②

具体事实:2016年以来,某职业学院教师刘某利用教师身份,与一女学生交往并发生不正当关系,造成了严重不良社会影响。

处理结果:根据《事业单位工作人员处分暂行规定》《教育部关于高校教师师德失范行为处理的指导意见》等相关规定,对刘某予以解聘处理,并撤销教师资格,收缴教师资格证书,5年内不得重新取得教师资格,对事件中可能存在的违法犯罪问题,由当地公安

① 教育部公开曝光第二批违反教师职业行为十项准则典型案例。
② 教育部公开曝光第四批违反教师职业行为十项准则典型案例。

机关进一步调查处理;责令该职业学院党委做出深刻检查,对学院领导班子进行集体诫勉谈话和经济处罚;责令学院党委副书记、纪委书记和涉事教师所在二级单位负责人做出深刻检查;对涉事教师所在二级单位负责人进行诫勉谈话,并扣罚绩效工资。

3.某大学实验师张某某性骚扰学生案[①]

具体事实:2019年6月,张某某与本校一女学生分手后,仍然不断骚扰该女学生,并通过微博、微信、今日校园APP等不同方式性骚扰另外3名女学生。此外,张某某还利用职务之便,非法收取仪器采购供应商财物。

处理结果:根据《中国共产党纪律处分条例》《事业单位工作人员处分暂行规定》《教育部关于高校教师师德失范行为处理的指导意见》等相关规定,给予张某某开除党籍、开除公职处分,对其所在学院时任党委书记进行诫勉谈话,对其所在学院执行院长进行批评教育,对其所在学院其他相关责任人进行提醒谈话或批评教育。

4.某大学教师谢某与学生发生不正当关系案[②]

具体事实:2021年3月,谢某在婚姻关系存续期间与某在校女学生发生不正当关系。

处理结果:根据《事业单位工作人员处分暂行规定》《教育部关于高校教师师德失范行为处理的指导意见》等相关规定,给予谢某降低岗位(职称)等级处分,撤销其教师资格,收缴教师资格证书,将其列入教师资格限制库。其所在学院党政主要负责人向学校党

---

① 教育部公开曝光第四批违反教师职业行为十项准则典型案例。
② 教育部公开曝光第八批违反教师职业行为十项准则典型案例。

委作出检讨,并取消所在学院党政主要负责人当年考核评优资格。

5.某大学教师杨某某性侵学生未遂案①

具体事实:2021年7月,杨某某酒后对女学生图谋不轨,未遂。

处理结果:因涉嫌强奸罪被刑事拘留,后判处有期徒刑一年六个月。根据《事业单位工作人员处分暂行规定》《教育部关于高校教师师德失范行为处理的指导意见》等相关规定,给予杨某某开除处分,取消其教师资格,列入教师资格限制库,终身不得重新申请认定教师资格。其所在部门党政负责人向学校作出书面检讨。

6.某大学教师陈某某性侵学生案②

具体事实:2020年8月,陈某某私自召集学生到其家中饮酒,一名女学生醉酒后遭陈某某性侵。

处理结果:根据《中国共产党纪律处分条例》《教育部关于高校教师师德失范行为处理的指导意见》等相关规定,给予陈某某开除党籍、开除公职处分,待司法机关对其犯罪行为作出判决后,其教师资格将依法丧失,注销并收缴其教师资格证书,终身不得重新申请认定教师资格。

7.某大学教师田某某强奸学生案

认定事实:田某某系学生处干事。2019年3月18日晚,田某某以为该校学生孙某和苏某某(女,18岁)说和男女朋友关系为由,将孙某、苏某某叫到其家庭经营的餐厅二层饮酒。田某某于当

---

① 教育部公开曝光第十一批违反教师职业行为十项准则典型案例。
② 教育部公开曝光第五批违反教师职业行为十项准则典型案例。

晚23时许,在餐厅二层一包间内,趁苏某某醉酒且他人均已离开之机,欲强行与苏某某发生性关系,因苏某某反抗及该校师生发现苏某某未按时返回宿舍及时赶到餐厅寻找而未能得逞。

处理结果:田某某无视国家法律,违背妇女意志,采用暴力手段,趁妇女醉酒之际欲与其发生性关系,侵犯公民人身权利,其行为已构成强奸罪,依照《中华人民共和国刑法》第二百三十六条第一款、第二十三条、第四十五条、第四十七条、第六十一条的规定,田某某被判处有期徒刑四年。

违反遵守学术规范相关案例

1.某大学教师梁某学术不端案①

具体事实:某大学教师梁某违反教学纪律,敷衍教学;违反学术规范,研究生在读期间抄袭、重复发表多篇论文,使用抄袭的论文作为自己的成果,在职称申报中弄虚作假。

处理结果:学校党委(行政)对梁某作出党内严重警告、行政记过、取消研究生导师资格、调离教学科研岗位、终止或退出有关人才项目的处分,按程序撤销其教师资格,同时追究学校有关院系、部门及相关人员责任。

2.某大学教师姜某某学术不端案②

具体事实:某大学教师姜某某在发表的文章中抄袭他人成果。

处理结果:根据《中国共产党纪律处分条例》《教育部关于高校教师师德失范行为处理的指导意见》,给予姜某某党内严重警告、行政记过处分,停止两年内招收硕士研究生资格,取消两年内聘任高一级专业技术职务的资格。

---

① 教育部公开曝光第一批违反教师职业行为十项准则典型案例。
② 教育部公开曝光第二批违反教师职业行为十项准则典型案例。

3.某大学教师谢某某学术不端案①

具体事实：谢某某通过网络联系中介公司对其拟投稿论文进行润色和论文代投。2020年2月，因内容与别的期刊论文内容重复、虚构通讯作者等原因，该论文被编辑部撤稿。

处理结果：根据《事业单位工作人员处分暂行规定》《教育部关于高校教师师德失范行为处理的指导意见》等相关规定，给予谢某某降低岗位（职称）等级处分，取消研究生导师资格，取消其在评奖评优、职务晋升、职称评定、岗位聘用、工资晋级、申报人才计划、申报科研项目等方面的资格，追回其利用被撤稿论文所获得的科研奖励。其所在学院党政主要负责人向学校党委作出检讨。

4.某大学教师芈某学术不端案②

具体事实：2021年1月，芈某出版的专著抄袭国外作者作品。

处理结果：根据《中国共产党纪律处分条例》《事业单位工作人员处分暂行规定》《教育部关于高校教师师德失范行为处理的指导意见》等相关规定，给予芈某党内严重警告处分、行政记过处分，调离教学岗位，取消研究生导师资格及三年内评奖评优、职务晋升、职称评定、岗位晋升、工资晋级、干部选任、申报人才计划、申报科研项目等方面的资格。其所在学院党政主要负责人分别向学校作出书面检讨，并在学院内部开展批评教育。

---

① 教育部公开曝光第八批违反教师职业行为十项准则典型案例。
② 教育部公开曝光第七批违反教师职业行为十项准则典型案例。

5.某职业院校教师王某某学术不端案①

具体事实:2020年5月,王某某发表文章因涉及作者身份、虚假同行评议、文章抄袭等行为被杂志社撤稿。

处理结果:根据《事业单位工作人员处分暂行规定》《教育部关于高校教师师德失范行为处理的指导意见》等相关规定,给予王某某警告处分,撤销当年取得的副教授专业技术职务,降低岗位等级,取消三年内科研项目申报等方面资格,追回因职务、等级晋升已享受的相应工资待遇;撤销涉及学术不端行为的论文学术奖励,追回相应科研奖励经费。

---

① 教育部公开曝光第七批违反教师职业行为十项准则典型案例。

违反坚守廉洁自律相关案例

1.某高校青年教师申某某违规发展副业案

具体事实:申某某自2016年进入某高校任专任教师以来,一直对自己的收入不太满意,经常向同事以及学生诉苦,认为自己读了二十几年的书,每个月仅拿5000多元的工资,很难让自己过上体面的生活。一次老乡聚会,同为高校教师管某的一席话让他"茅塞顿开":"只要你上课别出啥事故,考试别让学生挂科,课上得好与不好无所谓,有时间做一点副业。"不久之后,申某某寻找到了自己的"副业",加入了网店、微商行业。申某某不仅在课余时间打理自己的网店,在课堂上也经常给自己的网店做广告;不仅让学生加入自己的购物群,还让学生采用虚假购买店铺商品的方式帮助其刷好评,甚至还以勤工助学的名义让学生帮其管理店铺,严重影响了教学工作的正常开展。

处理结果:学校对申某某进行了批评教育,责令申某某停止在课堂上从事无关教学的行为,并给予其行政警告处分。

2.某大学教师刘某某侵占学生费用案①

具体事实:刘某某利用担任文史与法学学院学工办副主任、辅导员、班主任等便利,通过支付宝和微信转账方式,私自收取并侵占该校学生学杂费和班费共计77万余元。

处理结果:学校将刘某某案件移送公安机关立案侦查,公安机关对刘某某执行刑事拘留。根据《中国共产党纪律处分条例》《教育部关于高校教师师德失范行为处理的指导意见》,给予刘某某开除党籍、免职等处分,根据司法机关对其涉嫌犯罪问题的处理结论,依法依规给予进一步处理。

3.某高校物理学院专任教师李某违规辅导案

具体事实:李某为某高校物理学院专任教师,张某为该学院行政管理人员,二人平时私交不错。2016年,李某为该校研究生入学考试"普通物理学"科目的出题人。张某的一位高中同学吴某找到了张某,诉说了今年自己的孩子要报考张某所在学院的研究生,希望张某能够帮其联系一下专业课考试的命题老师。张某便找到了李某,李某认为自己平时和张某关系不错,给吴某的孩子进行一下辅导也没有什么问题,这样也算帮了张某一个忙。开考前的一周,张某带着吴某的孩子来到了李某的办公室,李某给吴某的孩子串讲了几个知识点,其间把自己命题的内容也包含了进去。结束后,吴某的孩子掏出了一个装有2000元人民币的信封,李某一开始表示了推辞,但吴某的孩子把信封扔下便离开,李某也就收下了。事发后,该校高度重视,对李某进行了调查,李某一开始较为

---

① 教育部公开曝光第二批违反教师职业行为十项准则典型案例。

抗拒,表示身边多名同事都有类似的行为,自己只不过是其中一员而已。

处理结果:学校取消了李某硕士研究生导师的资格,给予其降低岗位等级的处分,专业技术等级由五级降为七级。

4.某大学教师王某某违规接受宴请案①

具体事实:2018年10月,王某某违规参加由学生支付费用的宴请和娱乐活动。

处理结果:根据《事业单位工作人员处分暂行规定》《教育部关于高校教师师德失范行为处理的指导意见》等相关规定,给予王某某开除处分,撤销其教师资格,收缴教师资格证书,将其列入教师资格限制库。学校党委对其所在学院党总支书记和院长给予党内警告处分。

5.某大学教师陈某向学生索取礼品案②

具体事实:2013—2017年间,陈某先后向学生索要并收受礼品。

处理结果:根据《中国共产党纪律处分条例》《事业单位工作人员处分暂行规定》《教育部关于高校教师师德失范行为处理的指导意见》等相关规定,给予陈某留党察看、降低岗位等级处分,并调离教学岗位。其所在学院党政主要负责人向学校党委作出检讨。

---

① 教育部公开曝光第七批违反教师职业行为十项准则典型案例。
② 教育部公开曝光第八批违反教师职业行为十项准则典型案例。

违反传播优秀文化相关案例

1.某大学教师郎某某使用低俗不雅方式授课案①

具体事实:2020年9月,郎某某使用低俗不雅的图文在校讲授日语课程,影响恶劣。

处理结果:根据《教育部关于高校教师师德失范行为处理的指导意见》等相关规定,给予郎某某停课、调离教学工作岗位处理,并对其进行通报批评、取消年度评优资格、扣罚绩效工资;对该教师所在的二级学院进行通报批评。

2.某高校教师许某某发表不当言论案

具体事实:2017年9月18日,某高校数学系教师许某某在讲授"概率论"课程中,将日本民族和中华民族进行不恰当对比,在课堂上宣扬不当言论,宣泄个人不满。课程结束后,许某某的言论被学生举报并通过微信群、微博等社交平台曝光,造成较恶劣的社会影响,班级内学生也向学校校长写了关于许某某不当言论的举报信。学校对许某某发表错误言论事件高度重视,并进行调查。

处理结果:学校将许某某的错误言论定性为教学事故,因其在

---

① 教育部公开曝光第五批违反教师职业行为十项准则典型案例。

教学过程中借题发挥,宣泄个人不满,造成消极影响,背离教学大纲,教学内容错误,给予其行政记过处分。

3.某高校教师南某传播淫秽色情案

具体事实:南某曾是某高校优秀教师、先进工作者,2018年10月,因涉嫌传播淫秽色情内容而被公安机关逮捕。2018年10月,一网站的聊天室里有人反复发出激情表演的信息,引起了当地警方的注意。据办案民警介绍,这个网站有"广告房"和"贵宾房",前者是免费的诱惑表演,后者需要付费进入。在所谓的"贵宾房"中,每晚10时到12时就有所谓的"真人秀",其实就是淫秽色情表演。随后,公安机关组织人员对该网站进行调查,发现这是一个有组织的犯罪团伙,涉案地分布于北京、天津、河北、广西、内蒙古等多地,南某仅是犯罪团伙当中的一员。10月29日,多地警方联合行动,共同抓捕了该犯罪团伙的全部成员。

处理结果:南某因涉嫌组织淫秽表演罪被检察院批准逮捕,同时也被所在学校开除。

4.某大学教师朱某某在网上发表不当言论案①

具体事实:2021年4月,朱某某在微信群发表不当言论,散布不良信息。

处理结果:根据《事业单位工作人员处分暂行规定》《教育部关于高校教师师德失范行为处理的指导意见》等相关规定,给予朱某某行政警告处分,并调离教学岗位。其所在学院党政主要负责人向学校党委作出检讨。

---

① 教育部公开曝光第八批违反教师职业行为十项准则典型案例。

违反关心爱护学生相关案例

1. 某大学教师张某某辱骂学生案①

具体事实:2019年,张某某多次要求研究生为其担任法定代表人的公司从事运送货物、分装溶剂、担任客服、处理财务等工作,且在日常指导学生过程中方式方法不当、简单粗暴,有辱骂侮辱学生的言行。

处理结果:根据《教师资格条例》《教育部关于高校教师师德失范行为处理的指导意见》等相关规定,给予张某某取消研究生导师资格、撤销专业技术职务、解除人事聘用合同的处理;撤销其教师资格。

2. 某职业院校教师李某某体罚学生案②

具体事实:2021年11月,李某某(辅导员)在对3名学生进行批评教育过程中对其进行体罚,造成其中2名学生轻微伤。

处理结果:李某某被公安机关行政拘留并处罚款500元。学校根据《事业单位工作人员处分暂行规定》《教育部关于高校教师师德失范行为处理的指导意见》等相关规定,给予李某某开除处

---

① 教育部公开曝光第六批违反教师职业行为十项准则典型案例。
② 教育部公开曝光第十批违反教师职业行为十项准则典型案例。

分;给予其所在二级学院院长警告处分,给予学院有关负责人诫勉谈话处理。

3.某高校授课教师贵某某不保护学生案

具体事实:2013年6月,某高校大二年级一班级两名学生在课堂上,因互相开玩笑而发生语言冲突,并随后发展为肢体冲突,双方大打出手。授课教师贵某某,选择站在三尺讲台上充当"看客",并未加以制止,一名学生被另一名学生殴打倒地,贵某某也不管不顾,继续进行自己的教学直至下课。下课后,其他学生拨打了救护电话,然而倒地学生因出血过多,抢救无效死亡。事情发生后,当地教育部门高度重视,贵某某也因此被冠以"贵不管"的称呼。6月27日,参与斗殴的学生、学校及涉事教师贵某某就此事达成了协议。根据这份协议,由参与打斗的学生、授课教师贵某某和学校承担赔偿费用共40.5万元。

处理结果:学校给予贵某某开除的处分。

第五部分

扩基础·材料拓展篇

专家解读《新时代教师职业行为十项准则》

1.中国教育学会原会长顾明远:守住教书育人的底线

最近教育部印发了高校、中小学、幼儿园教师职业行为十项准则的通知以及《关于高校教师师德失范行为处理的指导意见》和《中小学教师违反职业道德行为处理办法(2018年修订)》《幼儿园教师违反职业道德行为处理办法》。这是规范教师行为的底线,是每个教师必须遵守的规矩。

教育的根本任务是立德树人,要培养德智体美劳全面发展的社会主义建设者和接班人。落实立德树人的任务,教师是关键。正如习近平总书记2016年教师节前夕在北京八一学校与教师座谈时提出的,教师是学生锤炼品格的引路人、学习知识的引路人、创新思维的引路人、奉献祖国的引路人。教师要成为学生的引路人,教育者先要受教育,教师自身要有理想信念、道德情操、扎实学识、仁爱之心。

首先,教师要坚持正确的政治方向。教师是党的教育方针的执行者,教育方针代表了党和国家对培养人才的要求。我国社会主义教育就是要培养社会主义的建设者和接班人,政治是灵魂,坚持正确的政治方向是第一位的。教师要以习近平新时代中国特色社会主义思想为指导,践行社会主义核心价值观,以身作则,做学生的榜样,才能引领帮助学生把握好人生方向,"扣好人生的第一颗扣子",培养学生坚定走中国特色社会主义道路的信念,做到从思想上认同、理论上认同、感情上认同。高等学校的教师更要正确认识世界和中国发展大势,坚持以马克思主义为指导,全面贯彻党的教育方针,引导广大师生做社会主义核心价值观的坚定信仰者、积极传播者、模范践行者;树立为共产主义远大理想和中国特色社会主义共同理想而奋斗的信念和信心;正确认识时代的责任和使命,抵制一切反马克思主义和反社会主义以及损害国家利益的言行。

第二,教师要充分认识教师职业的神圣使命。教师不是一般的职业,教师是从事塑造人的心灵,培养人的事业。从大处来讲,关系到民族的强大、国家的兴旺;从小处讲,关系到儿童的健康成长、家庭的幸福。所以习近平总书记说:"一个人遇到好老师是人生的幸运,一个学校拥有好老师是学校的光荣,一个民族源源不断涌现出一批又一批好老师则是民族的希望。"教师要充分认识教师职业的重要性及其特点,热爱每一个学生、关心每个学生、信任每个学生、尊重每一个学生。只有尊重学生,学生才能尊重老师。老师要理解学生,理解学生的各种需要,理解学生平时的学习和生活,才能有的放矢地施教;教师要保护学生,使他们不受到社会不良行为和影响的侵害。

第三,教师要具有高尚的道德情操,树立良好的师德师风。教师要以身作则,做学生的榜样。韩愈说:"师者,所以传道授业解惑也",教师作为传道者自己首先要明道、信道,以德立身、以德立学、以德施教。教师要坚持教书和育人相统一、言传和身教相统一。高等学校的教师要坚持党的领导,坚持以马克思主义为指导,坚持不懈传播马克思主义科学理论,为学生一生成长奠定科学的思想基础;要坚持不懈培育和弘扬社会主义核心价值观,引导广大师生做社会主义核心价值观的坚定信仰者、积极传播者、模范践行者;要坚持不懈促进学校和谐稳定,培育学生理性平和的健康心态,活泼开朗的性格,使学校成为安定团结、和谐欢快之地;要坚持不懈培育优良校风和学风,专心问道和关注社会相统一、学术自由和学术规范相统一,培育严谨治学的态度、刻苦学习和勇于进取的精神,坚持实事求是、理论联系实际的作风。教师要端正师生关系,以学生为本,充分信任学生,充分发挥学生的主动性、积极性,互相学习、教学相长,结成师生学习共同体。反对庸俗的师生关系,更不能对学生人身有所伤害。

第四,教师要不断学习,提高自己的人文素养和专业水平。师德实际是反映教师的人文素养和专业水平。一名有良好素养和专业水平的教师,对教师神圣职业有深刻理解,懂得教育规律和儿童成长发展的规律,就不会触犯师德的底线。因此,教师要不断学习,学习教育学理论,学习心理学知识,学习各种知识,增长学识,提高人文素养。让教书育人成为毕生的事业,在学生成长中获得人生的价值。

我国1600多万教师绝大多数恪守教师的职责,勤奋耕耘,为人师表,培养了大批祖国社会主义建设者和接班人;同时正在为我国社会主义现代化建设、为实现"两个一百年"奋斗目标和中华民族伟大复兴的中国梦培育新时代人才。但是毋庸讳言,总有少数教师不能恪守教师的职责,违背师德要求,伤害儿童青少年健康成长,危害国家利益。这些教师玷污了神圣的教师职业。因此推出准则要求,使这些教师明确什么行为是不当的,坚守教师职业的底线,使我们的教师队伍更加纯洁,更加风清气正,更加得到社会的尊重和敬爱。

(来源:中华人民共和国教育部网站)

2.北京师范大学教授林崇德:坚持以德立身,塑造教师美好形象

为进一步加强师德师风建设,最近,教育部研制并印发了高校、中小学、幼儿园教师职业行为十项准则及配套处理办法,这是国家加强新时代教师队伍建设,提高师德水平,在全社会塑造教师更加美好形象的重要举措,必须落实执行好。

加强师德建设并不是说教师的师德问题太多,而是要进一步确立师德在教师队伍建设中的核心地位。师德是一个常讲不衰的话题。我们中华民族早在战国时代就已经明确提出"师也者,教之以事而喻诸德者也。保也者,慎其身以辅翼之而归诸道者也",意思是说,所谓师,是用具体事例教导并用它说明各种德行的人,所谓保,是以自己谨慎的言行来辅佐世子使之归于正道的人,这可以说是中国古代较早提出的教师应遵循的职业道德原则。从孔子到孙中山都提倡师者修德,追求"师范端严,学明德尊"的境界。新中国建立后,党和国家领导人始终重视教师的师德建设,《中华人民共和国教师法》中提出的教师义务的首条就是"遵守宪法、法律和职业道德,为人师表"。党的十九大报告明确地提出"加强师德师风建设,培养高素质教师队伍,倡导全社会尊师重教"。习近平总书记高度重视师德建设,针对教师队伍建设提出了"四有好老师""四个引路人""四个相统一""根本标准和第一标准"等系列重要论断,为新时代师德建设指明了方向。加强师德建设,我认为有两个方面

149

至关重要：一个是底线职业道德，相当于法律和国家相关部门所规定的教师职业道德行为规范，因为教师作为一种职业，像其他千万种职业一样，也有必须要遵守的职业道德行为规范；另外一个是崇高师德，教师作为一种特殊的职业，从事的是以心育心、以德育德、以人格育人格的伟大事业，因此教师队伍一定要倡导具有崇高师德，而且所有教师都要以具有崇高师德作为奋斗目标。以往我们加强师德建设，强调崇高师德比较多，也取得了特别好的效果，但是对于底线职业道德，专门强调的不多，这次教育部研制并印发教师职业行为十项准则，我想就是旨在加强这方面的师德建设。

明确提出教师职业行为规范，有利于维护和提升我国教师队伍的整体形象。我国有1600多万大学、中小学和幼儿园教师，这支教师队伍为落实好党的教育方针，为培养社会主义合格建设者和接班人，为促进中国特色社会主义事业建设与发展，做出了卓越贡献。绝大多数教师都能严格遵循国家法律和教育相关部门规定，恪尽职守，兢兢业业，关爱学生，教书育人，立德树人。但是在极少数情况下的确存在个别教师不能很好履行应尽的职责，做出了伤害学生、有违师德的事情，经过社会传播，伤害了整个教师队伍在社会中的美好形象。这次教育部研制并印发教师职业行为十项准则和配套处理办法，明确了教师职业行为的"负面清单"，有利于所有教师有意识地规范自己行为，有利于各级地方教育行政部门和学校对出现的个别具有不良职业行为的教师处理时更有依据，处理尺度更加统一，也有利于让平时极个别具有不良职业行为或表现出不良职业行为的苗头的教师受到震慑，抓紧自我改正。当具有不良职业行为的教师数量下降，甚至绝迹时，"一竹竿打沉一船人"现象就会越来越少，我们整个教师队伍的良好形象就会得到更好的维护与塑造。

明确约定教师职业道德行为不只是我国仅有的做法，更是世界其他多数国家的共识与规定。早在1896年，美国佐治亚州教师协会就颁布了教师专业伦理规范，1996年，美国制定了《优秀教师行为守则》，共计26条，要求非常具体，而且还明确了教师行为准则的禁令。例如不得使用威胁性语言、不得当众发火、不要与学生过分亲热或过分随便等。2012年9月，英国政府颁布新修订的《教师标准》，对教师在其职业生涯中所要具备的个人和专业操守进行了明确规定，要求教师必须尊重并恪守自己所在学校的校风、校纪、校规，教师必须明确他们所应承担的法定职责和义务，并以此作为个人从事教育教学活动的依据。另外一个欧洲国家法国，曾在2010年提出中小学教师应具备的十大能力，对中小学教师的职业行为进行严格规范，且特别强调了教师师德方面的法律建设和纪律惩戒，明确提出了针对不同违规行为的处罚措施。

对教师职业行为特别是底线职业道德进行要求的同时，教育行政部门、学校和全社会要以更大力度对涌现出的具有崇高师德的教师进行表彰和宣传。底线职业道德与崇高师德之间不是非此即彼的对立关系，而是一种相互支持的共生关系。这次教育部明确规定了所有教师不能违反的底线职业行为，对于补足教师队伍师德短板，提高整个教师队伍的师德水平会起到很大的推动作用。同样，通过在全社会营造尊重教师、弘扬崇高师德的良好氛围，会让更多教师树立为教育事业奋斗终身的职业理想，自觉以更崇高的师德标准严格要求，立志成为"四有好老师"，成为先进思想文化的传播者、党执政的坚定执行者和学生健康成长的指导者。当越来越多教师以崇高师德标准要求自己时，触碰和违反教师底线职业道德的现象自然会减少甚至消失,我们整个教师队伍师德就会提升到更高水平,就可以以更好状态去完成传播知识、传播思想、传播真理的历史使命,以更大担当去肩负塑造灵魂、塑造生命、塑造人的时代重任。

(来源:中华人民共和国教育部网站)

3.山东省教育厅一级巡视员张志勇:健全长效机制 筑牢师德防线

习近平总书记指出:"一个人遇到好老师是人生的幸运,一个学校拥有好老师是学校的光荣,一个民族源源不断涌现出一批又一批好老师则是民族的希望。"近期,教育部制定颁布高校、中小学、幼儿园教师职业行为十项准则及配套的处理办法,这是进一步加强教师队伍师德素养,建立师德建设长效机制,筑牢师德防线的重要举措。

(1)确立师德建设在教师队伍建设中的突出地位,明确师德建设是教师队伍建设的第一要务

中国特色社会主义已经进入从站起来、富起来到强起来的新时代。建设教育强国是中华民族伟大复兴的基础工程,教师是建设教育强国的第一资源。习近平总书记在北京大学师生座谈会上强调:"培养社会主义建设者和接班人,是我们党的教育方针,是我国各级各类学校的共同使命""教师是教育的根本,师德是教师的灵魂"。

深刻认识师德建设的极端重要性。教育是奠基未来的事业,教师是走在时代前列的人。教师要始终对教师职业怀抱着一颗敬畏之心。习近平总书记反复强调:"教师是人类历史上最古老的职

业之一，也是最伟大、最神圣的职业之一。""教师重要，就在于教师的工作是塑造灵魂、塑造生命、塑造人的工作。"教育，是以心灵唤醒心灵，以精神引领精神，以生命温暖生命的神圣事业。所有的从教者，都应有崇高的生命取向、价值追求，这不是一句空洞的口号，因为你的一言一行都会直接影响着你的教育对象——学生。而我们的学生，作为这个泱泱大国的公民，他们的道德水准、精神质量，定会直接影响到一个民族的文明进程，影响到一个国家的精神气质。广大教师要时刻牢记教师职业道德的基本规范，深刻理解和准确把握，只有不忘初心、教书育人，敬重学问、关爱学生，严于律己、为人师表，才能担负起培养担当民族复兴大任时代新人的历史责任。

把师德建设作为教师队伍建设的首要任务。习近平总书记强调："要坚持教育者先受教育，让教师更好担当起学生健康成长指导者和引路人的责任。"首先，要将师德教育贯穿师范生培养全过程。教师职业伦理是教师职业必备的核心素养，必须将师德修养作为教师教育的核心课程。其次，要将师德教育贯穿教师专业发展全过程。教师专业发展要走出单纯的技术主义的误区，没有高尚的师德，没有发自内心的对学生的那份爱，教学方法、教学技术往往都是苍白无力的。无论是新任教师，还是在职教师，都必须将师德教育作为教师专业发展的重要内容，纳入继续教育学分管理。创新师德教育内容、模式和方法，突出针对性和实效性，采取实践反思、典型案例评析、情景教学等形式，把教书育人楷模、一线优秀教师等请进课堂，用优秀教师的感人事迹诠释师德内涵。再次，要将师德教育贯穿教师职业生涯全过程。一个时代有一个时代的主题，教师职业道德教育必须与时俱进，要针对师德建设中出现的热点、难点问题,及时应对并加以引导。

在师德教育中要充分尊重教师主体地位。从根本上说,师德是做出来的,不是说出来的。要引导广大教师把教书育人和自我修养结合起来,以社会主义核心价值体系为引领,不断提升人格修养和学识修养,自觉做到以德立身、以德立学、以德施教;要引导广大教师自觉践行高尚师德,在教育教学中时刻自重、自省、自警、自励,自觉做到以德育德。

在全社会营造尊师重教的浓厚氛围。国将兴,必贵师而重傅。一个国家,教师在全社会没有地位、没有尊严,这个国家就不会真正有希望。我国1600多万教师,绝大多数都是爱岗敬业、乐于奉献、甘为人师的,是他们挺起了中国教育的脊梁。师德是做出来的,也是弘扬出来的。要在全社会大力宣传教师的地位和作用,让全社会广泛了解教师工作的重要性和特殊性;要在全社会大力树立和宣传优秀教师先进典型,深入宣传优秀教师先进事迹,充分展现当代教师的精神风貌,弘扬高尚师德,弘扬主旋律,增强正能量。

(2)确立师德师风在教师业绩考核中的突出地位,明确师德师风是教师队伍考核的第一标准

习近平总书记强调:"在学生眼里,老师是'吐辞为经、举足为法',一言一行都给学生以极大影响。教师思想政治状况具有很强的示范性。评价教师队伍素质的第一标准应该是师德师风。"师德是建设出来的,也是考核出来的。各级教育行政部门、大中小学校在教师工作考核中必须加强师德师风考核,将师德作为教师考核的重要内容,摆在首要位置。

用价值立标。关键是通过对教师职业道德的考核评价,唤醒教师对职业道德的内在价值认同。习近平总书记要求广大教师做

"四有好教师"：要有理想信念，要有道德情操，要有扎实学识，要有仁爱之心；做四个"引路人"：做学生锤炼品格的引路人，做学生学习知识的引路人，做学生创新思维的引路人，做学生奉献祖国的引路人；要坚持"四个相统一"：坚持教书和育人相统一，坚持言传和身教相统一，坚持潜心问道和关注社会相统一，坚持学术自由和学术规范相统一。习近平总书记关于教师职业角色的一系列明确要求，为广大教师如何履行教书育人的神圣职责，树立了价值标尺。

用事实说话。教师职业道德包括两个层面：一个是职业伦理底线，即教师必须坚守的道德底线，教育部制定颁布的教师职业行为十项准则，集中体现了我国教师职业道德的底线要求；另一个是关于教师职业道德的理想要求，这些往往集中体现在优秀教师身上。考核评价教师的师德师风，各级教育行政部门和各级各类学校要针对教师职业伦理底线要求和理想要求，制定师德考核的具体办法和实施细则，明确广大教师职业道德考核评价的具体行为。师德考核要充分尊重教师主体地位，坚持客观公正、公平公开原则，采取个人自评、学生测评、同事互评、单位考评等多种形式进行。

用榜样引领。师德考核评价的根本目的，与其说是鞭策后进，不如说是弘扬先进。积极向上的教师考核评价，要评出先进，评出正气，评出凝聚力，评出战斗力。在这里，一方面，固然要对优秀教师进行表彰奖励；另一方面，更重要的，要对优秀教师的事迹进行广泛的宣传，要讲好广大教师身边的优秀教师的故事，用这些平凡而伟大的故事，去感化、引领每位教师。

用奖惩激励。各级教育行政部门和各级各类学校要充分发挥师德考核的激励作用，对师德考核不合格者年度考核应评定为不合格,并在职称评定、评选树优等活动中实行"一票否决"。同时,把师德表现作为广大教师各种表彰奖励的必要条件。

(3)确立师德管理在教师队伍管理中的突出地位,明确师德管理是教师队伍管理的第一责任

习近平总书记强调:"教师队伍师德师风总体是好的,绝大多数老师都敬重学问、关爱学生、严于律己、为人师表,受到学生尊敬和爱戴。同时,也要看到教师队伍中存在的一些问题。对出现的问题,我们要高度重视,认真解决。""师德师风建设应该是每一所学校常抓不懈的工作,既要有严格制度规定,也要有日常教育督导。"按照习近平总书记的要求,教育战线在加强师德建设的同时,必须加强师德管理。

健全责任机制。师德兴,教师队伍兴;师德强,教师队伍强。各级教育行政部门、各级各类学校要把加强师德建设作为教师队伍建设的战略任务,把加强师德管理作为教师队伍管理的第一责任。各地要结合实际,制订本地师德建设规划和实施方案。充分发挥教育工会等教师行业组织在师德建设中的积极作用。

健全监督机制。要敢于管理,对于教师职业生活中出现的各种不良行为进行批评教育。教育行政部门和学校要建立健全师德监督机制,要将师德建设纳入教育督导评估体系,构建学校、教师、学生、家长和社会广泛参与的师德监督体系。包括师德年度评议制度、师德问题报告制度、师德状况定期调查分析制度、师德舆情快速反应制度,及时研究加强和改进师德建设的政策和措施;要建立行之有效的多种形式的师德投诉、举报平台,及时获取掌握师德信息动态,及时发现并纠正不良倾向和问题,将违反师德行为消除在萌芽状态。

　　健全查处机制。坦率地讲，如今的教育已不是一片净土，向往富足无可厚非，但有些教师在经济大潮的刺激下，已突破了师德底线。尽管在教师队伍中违反教师职业行为准则规定、导致师德行为失范的是极少数，但群众对此反响强烈、社会影响很坏，必须以"零容忍"的态度坚决查处，让顶风违纪者付出代价，视情节轻重给予相应的行政处分和其他处理，情节特别严重的应坚决清除出教师队伍，涉嫌违法犯罪的要及时移送司法机关依法处理，坚决遏制教师失德行为蔓延。

　　健全问责机制。对教师队伍建设不力、师德师风问题严重，对教师严重违反师德行为监管不力、拒不处分、拖延处分或推诿隐瞒，造成不良影响或严重后果的，要追究学校或教育主管部门主要负责人的责任。

（来源：中华人民共和国教育部网站）

专家解读《关于加强和改进新时代师德师风建设的意见》

1.人民教育家于漪:谱就师德师风建设的时代诗篇

学习《关于加强和改进新时代师德师风建设的意见》(以下简称《意见》),作为一名在基础教育战线上奋斗了近70年的老教师,我感到很振奋,因为《意见》给师德师风建设指明了方向。方向明晰,心里就更加亮堂,脚下的路走得就更加坚实。

人是要有灵魂的,做一名中国的教师,便要有一个当代中国的教师魂。《意见》旗帜鲜明地提出,"坚持思想铸魂,用习近平新时代中国特色社会主义思想武装教师头脑""坚持价值导向,引导教师带头践行社会主义核心价值观""坚持党建引领,充分发挥教师党支部和党员教师作用",这为当前的师德师风建设工作牢牢确立了"定盘星"和"教师魂"。我总认为,教育顶顶重要的,是首先必须搞清楚"培养怎样的人""为谁培养人"的问题。心中有了这样的"定盘星",有了这样的"教师魂",作为一名当代中国的教师,在教书育人大业中,就会自觉地恢宏自己的胸襟,树立理想信念,培育道德情操,夯筑扎实学识,奉献仁爱之心,让生命与使命结伴同行,不负时代,不负韶华,不负党和国家的嘱托,不负每一个青春的生命和亿万家庭的幸福,就会倾情尽力,孜孜矻矻,为实现中华民族伟大复兴的中国梦而培育英才。

《韩诗外传》中说："智如泉涌,行可以为表仪者,人师也。"意思是,作为人师,就要德才兼备,智慧如泉水一般喷涌而出,思想行为堪为学生的榜样。《意见》将"突出课堂育德,在教育教学中提升师德素养"作为师德师风建设的重要内容,引导广大教师充分发挥课堂主渠道作用,守好讲台主阵地,在教育教学全过程中贯彻落实立德树人根本任务,不仅体现了对教育规律的深刻理解和认识,而且抓住了师德师风建设的牛鼻子。我从几十年的教学经验中深刻体会到,教师生涯中最大的事就是一个心眼为学生,这不只是说说,而是要身体力行,倾注心血地把课上好,把所教学科的育人功能在课堂上充分彰显出来,让学生的德性与智性得到最大程度的启迪、润泽和提升,深刻领悟到报效国家和民族、爱己爱人的道理。这就是真善,就是仁爱,就是大爱,是教师最根本同时也是最重要的师德。我们有理由相信,《意见》的相关条款,必能引导教师坚守教育的神圣,执着追求业务水平的提升,不断追求课堂教学的高境界,在教育教学中创造育人的业绩。

尤其让我这名老教师感到振奋的是,《意见》在"将师德师风建设要求贯穿教师管理全过程"、强化规则意识、完善监督体系的同时,强调"突出典型树德,持续开展优秀教师选树宣传"的正向引导,这一方面守住了师德师风建设的底线,一方面着力于树典型,鼓干劲,扬正气,弘扬正能量。我始终认为,我们教师队伍的整体思想道德水平处在社会道德建设的前列。全国1600多万教师,一直默默耕耘在培养学生成长成人的第一线,播撒青春、艰苦备尝、无怨无悔。在高速发展的社会现实中,在高标准教育要求面前,他们经常背负着不能承受之重,甚至难免还要承受莫名的误解、指责、怪罪。但绝大多数教师并未把责任推向客观,而是认真学习,努力改进,力争与学生共同成长,志在教育实践中不断修炼,成为高素质、专业化的教师。毋庸讳言,在庞大的教师队伍中有为数极少的违背师德的人和事,的确令人不齿,但可贵的是,整个教师群体对这类"害群之马"的所作所为不仅不认同,而且深恶痛绝并自觉地引此以为警诫。因此,我坚定地认为,在社会转型、价值取向多元的当今社会,选择教师职业,选择向青少年学生传承人类精神文明作为自身的追求,本身就是一种志气,一种境界,更何况还有那么多"师德楷模""最美教师"等模范人物,他们身上绽放的师性光辉,无不引领着教师队伍不断追求师德的高境界。这些模范典型人物的感人事迹,是新时代师德师风建设的宝贵资源,具有不可取代的教育力量和示范作用。

着力提振师道尊严,营造全社会尊师重教氛围,是《意见》的一个很大亮点,无论从教育内部,还是就整个社会来说,都具有重大意义,也非常具有时代迫切性和现实针对性。很长一段时间以来,我们总是有意无意地在刻意回避着"师道尊严",仿佛这是封建意识的余孽,一提"师道尊严",便会与"学生第一"的观念相对立起来。其实并不然。在中国传统文化中,师道是和天地、国家、父母一起,被人们所敬仰、所尊崇的,因为这一职业,关乎文明的延续,关乎民族的发展。如此看来,"师道"怎么能够没有"尊严"呢!事实上,历史实践一再证明,什么时候"师道"有了"尊严",什么时候社会就会昌明;相反,一旦"师道尊严"扫地,社会就一定是出了问题,元朝就是典型的例子。因此,《意见》第五条"着力营造全社会尊师重教氛围"的四个条款,不仅是师德师风建设方面的得力举措,而且是我们的"文化自信"在营造健康、积极、向上的社会风气、校园风气上的具体表现。

我虽然已是年过九十的耄耋老教师了，但是看到《意见》，就仿佛读到了一首优美的诗篇一样十分激动。我坚定地相信，《意见》的出台，对于加强新时代教师队伍建设，提升教师职业道德水平，促进教育质量的整体发展，必定发挥重大作用！

（来源：中华人民共和国教育部网站）

2.全国教书育人楷模王宗礼：建立健全师德师风建设的长效机制

党的十八大以来，习近平总书记从坚持和发展中国特色社会主义、实现中华民族伟大复兴的长远大计出发，多次就师德师风建设发表重要讲话，科学阐明了新时代师德师风建设的重大意义、时代内涵和建设路径。党的十九大报告也提出明确要求，要"加强师德师风建设，培养高素质教师队伍，倡导全社会尊师重教"。贯彻落实习近平总书记关于师德师风建设的重要指示精神，教育部联合六部委印发了《关于加强和改进新时代师德师风建设的意见》，把师德师风建设作为教师队伍建设的首要任务，着力健全师德师风建设的长效机制，用制度的力量确保师德师风建设常态化、机制化。

思想铸魂的引领机制。用习近平新时代中国特色社会主义思想武装教师头脑，是新时代师德师风建设的根本前提。要建立健全学习制度，推进理论学习系统化、经常化，往实走、心里走，确保广大教师学懂弄通，领会其精神实质，努力做到学以致用，引导广大教师自觉运用马克思主义立场观点方法，认清中国和世界发展大势，增进对中国特色社会主义的政治认同、思想认同、理论认同、情感认同；坚持价值导向，引导教师带头践行社会主义核心价值观,并将其融入教育教学全过程,充分发挥文化涵养师德师风的功能,不断引导广大教师深入了解世情、党情、国情、社情、民情,强化教育强国、教育为民的责任担当;坚持党建引领,健全党内政治生活制度、"三会一课"制度,以制度的力量涵养初心、坚定使命担当,充分发挥教师党支部的战斗堡垒作用和党员教师的先锋模范作用。

内外结合的激励机制。科学的内部激励和良性的教育生态环境是师德师风建设的关键机制。从外部环境来看,政策导向和舆论激励机制是促进师德师风建设的有效途径。各地教育主管部门和学校在制定政策时,要做到"顶层设计"与"具体实践"相统一,通过有效的激励手段推动教学改革和教学管理良性发展,形成学风端正、校风良好、学术行为规范的教学氛围和制度环境;构建舆论导向机制,综合运用授予荣誉、事迹报告、媒体宣传、创作文艺作品等手段,充分发挥典型引领和辐射带动作用;从内部环境来看,建立行之有效的考核评价体系是加强和改进师德师风建设的关键。严把教师入口关,规范教师资格申请认定,完善教师招聘和引进制度,严格思想政治和师德考察,建立科学完备的标准、程序;严格对入职教师的考核评价,落实师德第一标准,在教师聘用、职称评审、人才推荐、评优评先、年度考核、干部选任等方面采用多种评价方式,严把政治关和师德关。同时,要坚持与时俱进和问题导向,结合新时代环境下出现的新问题,出台新举措、新办法,不断完善评价主体、评价内容、评价方法及评价程序,有效实现考核评价的科学化、规范化。

多方联动的协同机制。在全社会大力弘扬尊师重教的优良传统,强化教师的团队意识,增强教师的集体荣誉感。一是加强阵地建设。以教育教学和社会实践活动为载体开展主题教育活动，引导广大教师守好讲台主阵地，将立德树人放在首要位置并渗透到教育教学全过程，以心育心、以德育德、以人格育人格。二是加强宣传引导。有效运用网上网下宣传形式，通过电视、广播、报纸、网站及微博、微信、微电影等新媒体形式，大力宣传新时代广大教师阳光美丽、爱岗敬业、甘于奉献、改革创新新形象，开展多层次的优秀教师选树宣传活动。三是重视模范引领。适时开展师德师风标兵评选和师德师风示范学校创建活动，把师德师风作为评选教书育人楷模，模范教师、优秀教师、教育工作先进个人，优秀辅导员、中小学优秀班主任、中小学德育先进工作者等表彰奖励的必要条件。

广泛参与的监督机制。建立行之有效、多种形式的师德投诉举报平台，充分发挥广大师生在民主监督、社会舆论监督中的作用，预防、调控和制约教师违背师德规范要求的行为。针对群众反映强烈的问题、师德师风问题，要及时发现和规劝，督促当事者端正认识与及时纠正；不断加强政府对各级各类学校的监督，探索建立师德师风监督员制度，定期对学校师德师风建设情况进行监督评议，及时研究加强和改进师德建设的政策与措施；探索构建由政府、学校、教师、学生、家长和社会广泛参与的"六位一体"师德监督体系，并在制度设计、工作机制和信息渠道建设等方面下功夫，力争将违反师德的行为消除在萌芽状态。

科学严格的惩戒机制。全面贯彻落实《中华人民共和国教师法》《新时代高校教师职业行为十项准则》《教育部关于高校教师师德失范行为处理的指导意见》等系列文件精神，制定具体细化的教师职业行为负面清单，对于不良的思想或行动苗头，要及时规劝纠正;对于有违师德的不端行为,要做到发现一起,严肃查处一起;对于触犯法律的,要依法追究有关当事人的法律责任;建立师德失范曝光平台,健全师德违规通报制度,引导广大教师时刻自重、自省、自警、自励,坚守师德底线;建立并共享有关违法信息库,健全教师入职查询制度和有关违法犯罪人员从教限制制度。

狠抓落实的责任机制。高校要发挥制度的先导作用,引导广大教师切实将人才培养作为最核心的本职工作,回归和坚守教书育人的初心正道,强化立德树人责任,在岗位评聘、年度考核、评优奖励中,优先考虑教学业绩突出、学生评价高、教学水平和教学效果得到师生公认的教师;建立健全责任落实机制,坚持失责必问、问责必严;通过教师社会实践平台,以专项重点投入的方式,引导广大教师积极投身教育事业,瞄准学科前沿,树立问题意识,勤于探索、勇于创新,多出精品成果;落实教师队伍建设各项要求,按规定统筹现有资金渠道支持师德师风建设,加强工作支撑,提高师德师风建设工作的科学性、实效性。

(来源:中华人民共和国教育部网站)

3.全国模范教师刘可钦:四个"第一次"全面提振师道尊严

尊师重教是中华民族传承千年的优秀传统文化。教育部等七部门印发的《关于加强和改进新时代师德师风建设的意见》(以下简称《意见》)中提出"师道尊严进一步提振",充分体现了新时代国家和民族走向伟大复兴的历史进程中,对于源源不断产生好老师的时代呼唤。《意见》第一次将师德师风建设从教育系统内部放到整个党和国家工作当中,放到整个社会环境之中,重塑我国尊师的优秀传统文化,使"国将兴,必贵师而重傅"在新时代有了新的生命力。第一次提出了"维护教师依法执教的职业权利",尤其提出要推动完善相关法律法规,研究出台教师惩戒权办法,明确教师教育管理学生的合法职权。第一次提出了"教师优先",营造教师光荣社会氛围。第一次提出了"将尊师重教观念渗透进学生的价值体系",从幼儿园开始加强尊师教育。这一系列政策措施,既利于吸引一大批优秀人士热心从教,也利于促进教师队伍加强自身建设、增强育人本领。整体而言,《意见》是对全社会树立尊师重教风尚的制度保障。

强化依法执教权利保护,维护教师职业尊严。《意见》首次提出了"维护教师依法执教的职业权利"。尤其提出要推动完善相关法律法规,明确教师教育管理学生的合法职权,研究出台教师惩戒权办法,通过一系列保障教师依法执教权利的举措,将使教师工作的积极性、创造性得到保护和激发,为教师营造安心工作、大胆工作、全心育人的良好环境。文件提出,对无过错但客观上发生学生意外伤害的,教师依法不承担责任。教师尊严不可侵害,对教师进行侮辱、谩骂、肢体侵害,或者通过网络对教师进行诽谤、恶意炒作等行为要严惩,构成违法犯罪的,依法追究相应责任等措施。这一方面,鼓励引导老师大胆履职,积极工作,另一方面传递出教师对于学生的爱和积极期待,使享有教育惩戒权的教师,更注重提升立德树人的教育本领,用更加专业的教育方法引导每个孩子健康发展。这既是尊重老师对学生有教育权的体现,也是符合服务中华民族伟大复兴中国梦人才培养的需求,将为教师安心、热心、舒心、静心从教创造了良好的社会舆论基础和法治保障。

尊重学校教育安排,支持教师专业施教。《意见》明确提出,引导家长尊重学校教育安排,尊敬教师创造发挥,配合学校做好学生的学习教育,以此引导家长建立更加科学的育人观念,尊重教师的育人主张,形成家校间良性的沟通互动。良好的师生关系建立在老师与学生相遇每一刻的积极互动中,一所学校最珍贵的资源是老师对学生的关注,相信教师是家校良性互动的前提。因此,支持教师就是支持孩子,社会各方都要朝着"让老师更专业地教学、更静心地陪伴孩子"而努力,给老师和孩子互动的空间,尊重老师的专业主张,加强沟通交流,形成一致的教育观念,做与老师并肩同行的"同伴",信任、支持和尊重教师,真正让提振师道尊严具备坚实的社会基础。

提倡"教师优先",提升教师社会声望。教师的幸福感,不仅仅来自学生的成功,也来自对自身职业的认同,来自社会给予的尊重与认可。营造社会尊师氛围,不仅仅在口头上,也在行动中,需要全社会的支持,形成敬重老师的优良风气。《意见》第一次提出了"教师优先"理念,支持鼓励行业企业在向社会公众提供服务时"教师优先",教师优先,也就是教育优先,这是在全社会进一步弘扬尊师重教的优良传统的一个有效措施,相信通过尊师教育的开展、"教师优先"理念的践行,将大大提高教师的政治地位、社会地位、职业地位,让广大教师享有应有的社会声望。

厚植师道文化,赋能教师专业成长。《意见》第一次提出了"将尊师重教观念渗透进学生的价值体系",要在校园内厚植尊师重教之风,从幼儿园开始加强尊师教育,加快形成接续我国优秀传统、符合时代精神的尊师重教文化,推进尊师文化进教材、进课堂、进校园。于此而言,传承尊师文化是新时代每一所学校的责任担当。进而言之,尊师从制度保障上、社会氛围中得到有效保障,使教师在获得更高的社会地位、社会赞誉的同时,更需要修炼内功,提升专业水平,为自身赋能,不断突破。要用高尚的师德获得学生的敬重,要特别富有爱心耐心,更要有专业和学术上的引领示范,努力成为有理想信念、有道德情操、有仁爱之心、有扎实学识的"四有"好老师;用勤勉的师风获得学生尊重,脚踏实地,对一节节教学设计反复推敲,用一次次的谈心、一次次的家访、一篇篇作业的耐心辅导修改,精耕细作,让教师的实践中增添许多平凡而又深刻的教育故事;要用专业的水平获得学生的尊重。教师作为学生人生中的关键人物,要行为世范,始终保持学习和进取的姿态,将教育情怀融入日常教育教学,给学生积极的影响,做好学生成长的引路人。

《意见》提出,经过5年左右努力,要基本建立起完备的师德师风建设制度体系和有效的师德师风建设长效机制。教师思想政治素质和职业道德水平全面提升,教师敬业立学、崇德尚美呈现新风貌。教师权益保障体系基本建立,教师安心、热心、舒心、静心从教的良好环境基本形成。相信这样一幅宏伟蓝图,会让教师更有幸福感,让孩子更有获得感,让家长更有信任感。

（来源：中华人民共和国教育部网站）

我国历史上的主要师德观

1.孔子的师德观

孔子(前551—前479年),名丘,字仲尼,鲁国陬邑人。他是中国古代伟大的思想家、教育家,儒家学派的创始者,儒学教育理论的奠基人。孔子在其数十年的教育实践中积累了丰富的教育教学经验,也形成了自己独特的教育思想和师德思想,为后世的教师提供了优秀的典范。具体而言,孔子的师德观主要包括学而不厌、诲人不倦、以身示教、有教无类等。

学而不厌

孔子认为,作为一位教师,首要的条件是具有"学而不厌,诲人不倦"的精神。教师要想教育学生,就要提高自身的学习素养,有丰富的知识储备,具有高尚的道德,具备这些条件才可以教授学生。

孔子一生坚持学习。他说:"吾十有五而志于学,三十而立,四十而不惑""我非生而知之者,好古,敏以求之者也。"孔子强调后天学习的重要性,反对人"困而不学"。他认为:"好仁不好学,其蔽也愚;好知不好学,其蔽也荡;好信不好学,其蔽也贼;好直不好学,其蔽也绞;好勇不好学,其蔽也乱;好刚不好学,其蔽也狂。"他曾说:"吾尝终日不食,终夜不寝,以思,无益,不如学也";也自评:"其为人也,发愤忘食,乐以忘忧,不知老之将至云尔""十室之邑,必有忠信如丘者焉,不如丘之好学也"。他主张"每事问"和"不耻下问",认为每个人都应该随时随地向他人虚心学习,而且应"学无常师"。孔子曾问礼于老聃,访乐于苌弘,学琴于师襄,问官于郯子。他提出"三人行,必有我师焉。择其善者而从之,其不善者而改之",对于"善者"要"见贤思齐",对于"不善者"亦可吸取其教训,足以自省自讼。

总的来说,孔子认为人的一生踏踏实实地学习最重要。也正因为如此,孔子一生勤恳善学,获取了丰厚的学识和渊博的学问。

诲人不倦

教育是高尚的事业,教育事业需要的是对学生、对社会有高度责任心的人。教师应该将教育作为自己的事业,将教育作为自己的乐趣,具备"诲人不倦"的精神。而孔子,正是这样的师之楷模。

孔子曾说:"默而识之,学而不厌,诲人不倦,何有于我哉?"意为默默地记住所学的知识,努力学习而不厌倦,教导别人不知疲倦,这几点我做到了哪些呢? 这句话高度概括了孔子的优良学风:沉静下心思,默默地把古圣先贤的经典记在心里;辛苦学习从不感到满足,也不感到一点厌烦;教导别人时十分有耐心,从不感到疲倦。他还自谦地问道:"何有于我哉"? 孔子觉得这三件事情自己做得还不够,这不仅体现了孔子的自谦和自信,也说明了孔子对学习和教育积极、严谨的态度。孔子一生除了短短几年从政外,大都在聚徒讲学,培养人才,即使周游列国时,在极度困难的情况下他仍坚持教学。孔子对学生满腔热忱,严肃认真进行施教,"无隐""无私",毫无保自,不知疲倦,倾注了毕生的精力和心血。学生尊敬他、信赖他,说他是圣人、仁人,他却回答:"若圣与仁,则吾岂敢?

抑为之不厌,诲人不倦,则可谓云尔已矣",说自己只是永不满足地学习,永不疲倦地教诲弟子而已,并非圣贤。

诲人不倦,是孔子对教育的基本态度,是孔子育人活动的高度概括,与"学而不厌"共同揭示了学与教之间的辩证统一关系。总体而言,孔子主张学与教相辅相成,既要有乐学精神,又要有乐教热情,这是为人师者的必备品质。

以身示教

孔子认为,教师对学生进行教育的方式,不仅有言传,还有身教。言传在于说教,可以提高学生的道德认识;身教在于示范,指导学生实际的行为方法。教师的亲身示范,对学生的教育作用会更明显。因此,身教比言传更重要。

孔子特别重视教师的以身作则,即身教。孔子所讲的"其身正,不令而行;其身不正,虽令不从""不能正其身,如正人何",虽然主要是针对从政者而言,但同样也适用于为人师者。孔子认为,如果一个人不能正己而欲正人,那么便不会有人信服;如果教师只施以言传而忽视身教,即便讲出的话都是正确的,也只能是空洞的说教,无法达到真正的教育效果,甚至适得其反。孔子说:"巧言令色,鲜矣仁!"意为花言巧语,伪装出一副和善面孔的人恰恰很少是仁德的;相反,教师自觉的模范行为才是对学生无声的命令和有力的鞭策。孔子还说:"天何言哉?四时行焉,百物生焉,天何言哉!"他认为教师在培养学生的品德方面并不需要多讲,最重要的是在于用自己的行动给学生树立好的榜样,就像天并不曾讲什么话,但一年四季、世间万物都不会因天不讲话而停止运行。孔子的这些观点,充分体现了他认为教师应"以身示教"的师德思想,也强调了身教在培养学生的过程中不可替代的重要作用。

有教无类

在我国教育史上,孔子是提出"有教无类"教育思想的第一人。他主张任何人都可以成为教育的对象,不应以教育对象的贫富、贵贱、贤愚等方面的差异而区别对待。教师对所有的教育对象应一视同仁。

孟子曾评价孔子"往者不追,来者不拒"。孔子招收学生不分贵贱,也不计较其来自何地。在孔子门下有名字可考的几十人分别来自齐、鲁、卫、晋、宋、陈等不同的诸侯国,且大都出身贫贱。据考证,孔子的学生中真正来自贵族的只有南宫敬叔和司马牛等少数几人。由此可以看出,孔子在真正实行"有教无类"的教育方针。他曾讲:"自行束脩以上,吾未尝无诲焉。"意为只要本人有学习的意愿,主动奉送10条干肉以履行师生见面礼,就可以成为弟子。孔子的学生出身往往大相径庭,有人对此甚为不解,南郭惠子就对子贡提出疑问:"夫子之门,何其杂也?"子贡回答:"君子正身以俟,欲来者不距,欲去者不止。且夫良医之门多病人,檃栝之侧多枉木,是以杂也。"意为君子端正自己品行以待四方求教之士,愿意来的不拒绝,愿意走的不制止,正如良医之门病人多、良工之旁弯木多一样,所以夫子的弟子较为混杂。虽然孔子招收的弟子资质混杂、品类不齐,但孔子都一视同仁、全心全意进行教育和指导,将他们培养成为优秀的学子,这不仅体现了孔子高尚的道德水平,也体现了他高超的教育教学能力。

2.孟子的师德观

孟子(约前372—前289),名轲,字子舆,战国时期邹国(今山东省邹城)人。孟子一生讲学,曾是著名的游士,多年游历各国,也曾列名稷下学宫。他非常热爱教育事业,有弟子数百人。在长期的教育实践中,孟子也形成了自己独特的师德观。他认为,世界上最宝贵的东西是人的道德品质和精神境界,这些精神财富的价值远远高于物质财富。他由此也提出了教师的理想人格。

持志养气

持志养气是孟子重要的师德观。他曾说:"夫志,气之帅也;气,体之充也。夫志,至焉,气次焉。"

志就是指人的志向和追求,持志就是坚持崇高的志向和追求。气就是指人有了志向与追求后所具有的精神状态。孟子要求弟子必须要有崇高的志向。志与气又是密切相连、互为因果的,"志壹则动气,气壹则动志也"。孟子自称:我善养吾浩然之气。要想养气这种精神状态,一方面是把道作为自己的志向,然后坚定不移;另一方面则是身体力行。人的精神境界是靠养出来的,是需要以善意的行为和言语积累起来的,不能通过其他方式实现。对于现代教师而言,就是要拥有崇高的志向,热爱学生,热爱教育,将教育事业与国家的前途命运结合起来。当教师有了对教育事业的志向和追求,就会自然而然地呈现出一种积极向上的精神状态。

存心养性

修养道德就要清心寡欲,没有过多的追求,也就是意志锻炼,尤其是要在逆境中得到磨砺。孟子说:"天将降大任于斯人也,必先苦其心志,劳其筋骨,饿其体肤,空乏其身,行拂乱其所为,所以动心忍性,曾益其所不能。"他认为,人要想磨炼自己的聪明才智,就要到艰苦的环境去。环境越是艰苦,对于人的磨炼就越大,就越能造就一个人。对于教师而言,就是要一直保持对教育事业的初心和使命,不畏困难。同时,教师还要在艰苦的环境中磨炼自己的意志,在辛苦的工作中不抱怨、不放弃,持续寻找教育带来的乐趣。教师只有具备坚定的意志力,才能在教育中展现一个完美的形象。

反求诸己

孟子说:"爱人不亲,反其仁;治人不治,反其智;礼人不答,反其敬。行有不得者,皆反求诸己。"意为当个人的行动没有得到对方相应的反应时,就应该先问问自己,从自己的身上找原因,然后对自己提出更高的要求;同时,当你面对比自己优秀的人时,更不能嫉妒和怨恨,同样需要问自己,从自己的身上寻找原因,并且"乐取于人以为善"。简而言之,应时刻反省自己,事事都要对自己多点要求。教师与学生的交往中如果出现了不和谐的情况,教师应该首先反思自己的状况,从自身开始找问题所在,找到师生关系不和谐的可能原因并加以改正。教师与其他人的关系亦是如此,不管是教师与教师之间、教师与家长之间,还是其他关系,教师都要先反思自身存在的问题并改正,教师只有不断提高自己的道德水平,才能为学生树立一个好的榜样,建立良好的师生关系。

3.董仲舒的师德观

董仲舒(前179—前104),广川(今河北景县)人。他具有高深的学术造诣和高尚的人格魅力,也曾广收弟子。作为人师,他对自己的要求是:"善为师者,既美其道,有(又)慎其行。"意为教师既要完善其道德,又要谨慎其言行,不管什么时候都应该注重学识、德行方面的修养。所以,董仲舒对于教师的德行、道义、言行等都有严格的要求。

正道重志,行道养志

董仲舒认为,作为传道授业的教师首先要明"正道",即教师对道德规范要有正确的认识，并且能内化为自身的自觉行为。如此，才能是一名合格的教师。

董仲舒提出："仁人者，正其道不谋其利，修其理不急其功。"意思是说，真正的仁人遵循正道行动而不谋求利益，按照道理行动做事而不急功近利。这种观点在现代看来可能较为片面，但作为学生的引路人和人类灵魂的工程师，教师恰恰应该做到坚持正确的义利观念。教师对"义"的追求应远远高于对"利"的追求。同时，董仲舒强调教师的立志，他曾说："《春秋》之论事，莫重于志……礼之所重者在其志。"这强调了立志在道德修养过程中的重要作用，即只有具备远大的志向才能找到努力的方向。在董仲舒看来，教师只有树立正确的义利观，并以此作为自己的追求和理想，才能心思正直、意念真诚，一生不会动摇自己的追求。

以仁安人，以义正我

董仲舒十分重视教师如何正确处理自己和他人的关系。在这方面，他提倡"以仁安人，以义正我"，即"治我"要严，待人要宽，要求教师能够严以律己，宽以待人。

"仁"，体现的是对个体生命价值与权利的尊重；"义"，体现的是个人对社会的责任与义务。董仲舒曾说："以仁治人，义治我，躬自厚而薄责于外。"他要求以"仁者爱人"的情怀去爱护、关心他人，宽以容众；同时，要以义来约束自己，经常反省自己，以提高自己的道德修养。他还指出："仁之法在爱人，不在爱我；义之法在正我，不在正人……不予为仁。"意思是仁的法则在于爱别人，而不是爱自己；义的法则在于端正自己，而不是端正别人；否则虽然能正人，也能自爱，但都不能算作具有"仁""义"品格的人。在实践活动中，人往往更加注重别人的问题，希望别人可以履行义务，体现良好的道德水平,但是对于自己反而没有严格要求。所以,董仲舒认为用仁义和德行来宽慰他人是个人修养中的重要方面。每个人都应该用义务和责任来要求自己,而作为教师更需如此。教师应尊重学生和关爱学生,但是对于自己务必正己、修德,以身作则和身先示范,董仲舒这一观点也是对先秦儒家强调主体道德自觉精神的一种继承与发展。

必仁且智

仁德与才智,对于教师而言都是非常重要的。孔子就曾提出"未知,焉得仁",意为无知者无法分清仁与不仁,又怎么能按照仁的原则去行动。董仲舒也同样强调仁智,他认为,教师在道德修养中必须做到道德认知和道德情感的统一,才能有完美的人格。

董仲舒认为:"仁而不智,则爱而不别也;智而不仁,则知而不为也。故仁者所爱人类也,智者所以除其害也。"意为对所有的事物都抱有仁爱之心,但是没有聪明才智,则不能辨别善恶;有聪明才智但是没有仁爱之心,最终也不会有大作为的。因此,教师的道德修养应该包括两部分:道德和智慧。对待学生不仅要有一颗热爱的心,还要能够辨别学生的善恶行为,对不同性质的行为要采取不同的对待方式。如果教师具备聪明才智却没有一颗仁爱的心,道德修养也是不完整的。只有"必仁且智",仁智统一,才能使教师培养完美的人格。而教师怎样做到"智"? 董仲舒认为"常玉不琢,不成文章;君子不学,不成其德。"他提倡教师"强勉学问,则闻见博而知益明;强勉行道,则德日起而大有功"。一个人奋发努力于学问,则见闻广博而更加聪明;奋发努力于行道,则品德高尚而事业更加成功。因此,教师无论是治学还是修德,都需要"强勉学问、闻博知明",如此才能完成仁和智的统一。

4.韩愈的师德观

韩愈(768—824),字退之,河南河阳(今河南孟州)人,唐代著名的文学家、思想家和教育家。韩愈的师德观在一定程度上继承了孔子的思想,对现代教师职业道德具有非常重要的借鉴意义。

师道尊严

在《师说》中,韩愈批评了士大夫之流耻于从师的不良风气。他指出:"古之圣人,其出人也远矣,犹且从师而问焉;今之众人,其下圣人也亦远矣,而耻学于师。是故圣益圣,愚益愚。圣人之所以为圣,愚人之所以为愚,其皆出于此乎?"他的这一论述充分肯定了教师之于社会的重要作用,强调了师道尊严。

韩愈认为,"古之学者必有师",强调任何人的知识学问都是从老师那里学来的。"人非生而知之者,孰能无惑",生而知之者是从来都没有的。"惑而不从师,其为惑也,终不解矣",如果一个人什么也不懂却不向老师学习,那么这个人将永远无法得到心智上的发展。因此,传道须有师,每个人都应该重视向老师进行学习,整个社会也应该尊重教师,给予教师应有的崇高地位。

传道、授业、解惑

韩愈提出:"师者,所以传道授业解惑也。"在这句话中,他对教师的职责与使命进行了高度概括和诠释。韩愈所指的传道,即传授封建主义的政治伦理道德;授业,即讲授《诗》《书》《易》《春秋》等儒家的经典;解惑,即解答学生在学习"道"与"业"过程中所提出的疑难问题,换言之,韩愈认为教师在培养学生的过程中,不仅要对学生进行思想道德和文化知识的教育,同时也要注重学生的智力发展。教师只有履行了这三项职责,才能算是一名合格的教师。

时至今日,我们对教师的要求仍然以此为出发点。

能者为师

韩愈从孔子的思想中提出了师生关系应有的状态:"圣人无常师。孔子师郯子、苌弘、师襄、老聃。郯子之徒,其贤不及孔子。孔子曰:'三人行,则必有我师。'是故弟子不必不如师,师不必贤于弟子,闻道有先后,术业有专攻,如是而已。"

首先,"弟子不必不如师"。这是指学生完全有可能,也应该超过老师。正所谓青出于蓝而胜于蓝,学生不要因老师的学识暂时高于自己而感到自卑,而应以老师为标准立志勤学,甚至要有敢于超越老师的思想。其次,"师不必贤于弟子"。这句话具有两方面的含义:其一,学生对老师不能求全责备,要虚心向老师学习,学其所长;其二,为人师者不应满足于已有的知识和能力,更不能在学生面前不懂装懂。如果学生懂得老师不知道的知识,老师应尊重学生,并向学生虚心请教。如此,教师在学识上学而不厌,精益求精,才能培养出优秀的学生。韩愈的这一思想也是对孔子"学而不厌,诲人不倦"思想的继承与发扬。最后,"闻道有先后,术业有专攻"。韩愈认为,掌握知识学问有先有后,各人的知识结构、专业特长也不一样,因而他人的长处可能恰好是自己的短处,他人的短处也有可能正是自己的长处。虽然老师早于学生懂得一些学问和道理,在某些方面也有专长,但学生在老师的培养下,在某方面甚至会超过老师。因此,教师向学生学习也是有必要和有益的。

5.王守仁的师德观

王守仁(1472—1529),字伯安,号阳明,浙江余姚人。王守仁一生未中断过教育事业,曾开创多所书院。他在继承和发展陆九渊学说的基础上,提出"致良知""知行合一"等论述,对后世的师德发展产生了重要影响。

致良知

王守仁继承和发展了孟子的"良知"学说。王守仁认为,"良知"是与生俱来的,是上天赋予的智慧,每个人都拥有"良知"。而教育的作用,正是在于去除外界物欲对于"良知"的昏蔽。

"致",指教育,"致良知"则是通过教育使失去的良知得到恢复。王守仁认为,良知虽然人皆有之,但常人的良知往往被私利所蒙蔽,从而产生许多违背伦理道德的行为。而教育的目的,恰好在于培养能复明圣学以明人伦的圣贤之士。他主张通过教育"灭私欲",从而使每个人都能保存内心固有的良知。教师之责,就是要"致良知",要培养人完善的道德品质。王守仁认为:"圣人之学,惟是致此良知而已。自然而致之者,圣人也;勉然而致之者,贤人也;自蔽自昧而不肯致之者,愚不肖者也。愚不肖者,虽其蔽昧之极,良知又未尝不存也。苟能致之,即与圣人无异矣。"不仅如此,王守仁还进一步指出,"心学"和"道心"之学就是教师所要完成的"致良知"之学。"心学"是"心外无事,心外无理,故心外无学。是故于父,子尽吾心之仁;于君,臣尽吾心之义。言吾心之忠信,行吾心之笃敬。""道心"是"故明伦之外无学矣。外此而学者,谓之异端;非此而论者,谓之邪说。"总的来讲,"致良知"之学就是明人伦之学。教师要通过对学生的点化、解化,引导学生"明人伦",培养学生封建道德品性。教师教与学的目的,就是去掉人的私欲,达到明人伦的教育目的。正如他所提出的:"其教之大端,则尧、舜、禹之相授受,所谓'道心惟微,惟精惟一,允执厥中'。而其节目,则舜之命契,所谓'父子有亲,君臣有义,夫妇有别,长幼有序,朋友有信'五者而已。唐、虞、三代之世,教者惟以此为教,而学者惟以此为学。"

知行合一

知行合一是王守仁重要的思想。他认为"知中有行,行中有知""知者行之始,行者知之成",以及"知善知恶"乃是知,"为善去恶"乃是行。无论是教师,还是学生,都应知行并进,缺一不可。

对学生而言,王守仁高度认同孟子"自得深造"的思想,主张自求自得,认为教师在教学中要培养学生独立思考的能力和质疑的精神,教育和引导学生不能对书本和前人的定论予以过分迷信。他认为,学习的最终目的是做人,做人则为了躬行实践,所以他强调学习要"知行合一"。他认为知与行互相渗透、互相促进。首先,教师对学生的教育,应教学生以真知,注重培养知行合一、知行并进,使学业不断提高。同时,教师在教育过程中也应做到庄敬自持、知行合一,时时处处严格要求自己,为学生树立典范。教师首先要"防于未萌之先,而克于方萌之际",即把不良念头克服在萌芽状态。其次,教师要"事上磨炼""省察克治之功",即教师的道德修养在于时刻反省自己,去掉不良的念头和习惯,要结合工作、学习,要有求实精神,才能对学生产生积极影响,真正成为学生的良师益友。

6.蔡元培的师德观

蔡元培(1868—1940),字鹤卿,浙江绍兴山阴(今浙江绍兴)人。他曾担任中华民国第一任教育总长,主持制定了一系列教育政策、法规,奠定了中华民国的教育方针基础,他在任北京大学校长期间要求教师的行为和品质要成为学生的楷模,他本人也时时处处作出表率,为后世树立了光辉的师德榜样。

教师应具有健全的人格

在蔡元培看来,身为教师必须具备完整的人格特征,只有人格健全的人才可胜任。蔡元培认为,教师健全的人格主要包括:(1)有智慧,"教员者,启学生之知识者也。须有充分之知识,足以应儿童之请益与模范而不匮""对于各科的知识,必须贯通,有心得,多看参考书,参观实在情形",同时强调不可将文理截然相隔。(2)有道德,"教员又是学生之模范",蔡元培极为看重学生的道德教育,要求教师首先应该具有良好的道德品质,即"自由、平等、仁爱"。(3)有立场,在有智慧、有道德的基础上,要立场坚定,养成"独立不惧之精神"。在任何威逼利诱之下,都能够坚信公理是正确的。(4)有责任,教师应该养成"安贫乐道之志趣""委身于教育,则必于淡泊宁静之中,有无穷之兴趣,虽高官厚禄,不与易焉",并且时刻保持对教育事业的热情,以最大的热情和实际行为来教育和引导学生。

教师应具有研究精神

蔡元培认为,教育家最重要的责任在于"创造文化",教师的工作不仅在于授课,还要不放过一切有利于自己研究的机会。蔡元培强调,大学是纯粹研究学问的机关,切忌将大学看作"养成资格"和"贩卖知识"的地方。作为教师,一定要"有研究学问之兴趣,尤当养成学问家之人格"。因此,教师应以"学术为唯一之目的"。

蔡元培在《大学令》中明确规定"大学以教授高深学术,养成硕学闳材,应国家需要为宗旨"。在《我们希望的浙江青年》一文中,他精辟地阐述了这一思想:民族的生存,是以学术做基础的。一个民族或国家的兴衰,先看他们民族或国家的文化与学术;学术昌明的国家,没有不强盛的,文化幼稚的民族,没有不贫弱的。青年们既要负起民族的责任,先得负起学术的责任。因此,蔡元培始终要求学生"以研究学问为第一责任""须知服务社会的能力,仍是以学问作基础,仍不能不归宿于切实用功",大学培养研究高深学问的硕学闳材目标的实现,客观上要求教师一方面要具有研究精神,成为研究者,"以学者自力研究为本旨,学术以外无他鹄的",强调"教授及讲师不仅仅是授课,还要不放过一切有利于自己研究的机会,使自己的知识不断更新,保持活力";另一方面也要以自己的研究精神感染学生,努力成为学生研究学问的指导者,将学生也培养成为研究者。

教师应尊重、信任学生

蔡元培看来,教师在对学生的教育和引导中,不能"学而不教"。教师不仅要加强自身的学术造诣,在教学中还应尊重、信任学生,以适当的方法对学生予以指导。

所谓"学而不教",是指"肯研究学问而不谙教学方法的教师"。蔡元培希望,努力研究学问的教师不但要研究自己所教的学科,提高自己的业务能力,还应该研究教学方法,在教学中充分了解、尊重、信任学生,能够理解儿童的身心发展规律,根据学生的不同阶段,采取合适的教学方法帮助学生学习。所以,他提出要"深知儿童身心发达之程序,而择种种适当之方法以助之"。不仅如此,为人师者,在教学中不能因自己的教师身份而"硬以自己的意思,压到学生身上",适当的做法恰恰在于"处处要使学生自动",要在尊重、信任学生的基础上,最大限度地激发学生的自主学习能力。当学生无法逾越学习困难的时候,教师再对其予以帮助和引导,由此以避免"学而不教"。

教师应安贫乐道

蔡元培认为,对于教师而言,"安贫乐道之志趣"是一个非常重要的标准。基于这一标准,他对教师提出了自己的期望和要求。

蔡元培认为,教师职业是较为清贫的职业。虽然在薪酬等方面远不如很多其他职业,但就教育事业对于社会的进步、国民素质的提高、国家的富强而言,教师具有不可替代的作用。因此,真正从事教师职业的人必须要从淡泊宁静之中,寻求到作为一名教师的乐趣。他明确指出:"教育之关系,至为重大,而其生涯,乃至为冷淡。各国小学教员之俸给,有不足以赡其家者。夫人苟以富贵为鹄的,则政治、实业之途,惟其所择;今舍之而委身于教育,则必于淡泊宁静之中,独有无穷之兴趣,虽高官厚禄,不与易焉。"

(来源:张凌洋、谢欧主编《新时代教师职业道德概论》,科学出版社,2021年版)

拓展阅读

拿世界各国的大学校长来比较,牛津、剑桥、巴黎、柏林、哈佛、哥伦比亚等,这些校长中,在某些学科上有卓越贡献的不乏其人;但是,以一个校长身份,而能领导那所大学,对一个民族、一个时代,起到转折作用的,除蔡元培而外,恐怕找不出第二个。

——杜威

北大师生为蔡元培祝寿献屋

1935年8月11日,蔡元培一家到青岛避暑,住在福山精舍(福山支路14号蔡公馆)。这一次,蔡元培一家在青岛居住不到一个月的时间,9月5日乘胶济路车离开青岛。

这一年,蔡元培年近70岁,已是人生古稀之年,但一代学术泰斗,在国内仍无固定的居所,没有一套真正属于自己的房子。他的书籍分散于北平、南京、上海、杭州各地,无集中储藏之所。他在上海是租房子住。他的学生曾说:一般人言家无积蓄为家徒四壁,但蔡元培先生连"徒四壁"的房子也没有。……1935年9月,主要以北大师生发起,由蔡元培先生的朋友、学生捐款集资,准备在青岛建造一所房屋,作为庆蔡元培先生70寿辰的贺礼,并由蒋梦麟、胡适、王星拱、丁西林、赵畸(赵太侔)、罗家伦共同署名,写了一封祝寿献屋函。

刁民先生:

……

现在我们很恭敬地把这一点微薄的礼物献给先生,很诚恳地盼望先生接受我们这点诚意! 我们希望先生把这所大家献奉的房屋,用作颐养、著作的地方;同时,这也可看作社会的一座公共纪念坊,因为这是几百个公民用来纪念他们最敬爱的一个公民的。我们还希望先生的子孙和我们的子孙,都知道社会对于一位终身尽忠于国家和文化而不及其私的公民,是不会忘记的。

这封信函是用白话文而写,出自胡适的手笔。

蔡元培开始不同意这样做,表示坚决不接受。后鉴于学生及友人们的盛情,却之不恭,于1936年1月1日表示接受和感谢,写下《答谢祝寿献屋函》,其中写道:

诸君子以元培年近七十,还没有一所可以住家藏书的房屋,特以合力新建的房屋相赠;元培固没有送穷的能力,但诸君子也不是席丰履厚的一流:伯夷筑室,供陈仲子居住,仲子怎么敢当呢?

我们可以在蔡元培的回信中,感受到他的谦谦君子之风,既严于律己,又成人之美。献屋祝寿可谓民国尊师的佳话。但是,凝聚着诸位朋友和弟子美意的房屋,没有建造起来。1937年抗战爆发,北平、南京、上海均告沦陷,青岛再度沦陷日军之爪。师生献屋之举因国难当头泡了汤。

1940年,蔡元培在香港病逝。蔡元培一生清廉,晚景清贫,"蔡先生为公众服务数十年,死后无一间屋,无一寸土,医院药费一千余元,蔡夫人至今尚无法给付,只在那里打算典衣质物以处丧事"。蔡元培终其一生,也没有一所属于自己的房子。蔡元培在青岛留下诸多踪迹。今年,是他诞辰150周年,缅怀这位留下海洋科学与高等教育泽披岛域的大师,让人想起那句话:先生之风,山高水长。

(来源:《半岛都市报》,2018年3月13日)

7.陶行知的师德观

陶行知(1891—1946),安徽歙县人。陶行知毕生从事教育,确立了"生活即教育""社会即学校""教学做合一"等生活教育理论;同时,他在教育教学活动中严于律己,身正为范,培养了一大批优秀学子,为中国教育事业的发展作出了巨大贡献。

教师应爱满天下

在陶行知的师德观里,教师的"爱"处于首要位置。这种"爱",是一种大爱,是爱国家、爱人民和爱社会。他认为,教师只有心里时刻装着国家和人民,才能使教育真正发挥作用,才能实现改造社会的目标。

陶行知在战争的不同阶段依据形势建立不同的学校,规定不同的教育内容,但他始终将"爱"作为教育工作中的主题,始终把国家的前途命运和自己的教育主张紧紧连在一起。他曾说:"我们尊重人类的理性,我们承认凡是人类都是可教的,就是以武力来压迫我们,我们还是一样地教他们去济弱扶倾,我们奋斗的工具是爱力不是武力,爱力如同镭之第三种射线,不是一般辐射线,不是刀剑所能阻碍住的。"他一直要求教师和学生牢记"人民是我们的亲人,我们是人民的亲人,是必须亲近,打成一片,并肩作战的",要始终奉行"人民第一"的观念。在《晓庄三岁敬告同志书》中,陶行知要求晓庄的全体师生要爱人类,就要爱人类中最多数而最不幸的中华民族,爱中华民族中最多数而最不幸的农人。

陶行知的"爱",还包含着对学生的爱。他在《我之学校观》中说:"我要有一句话奉劝办学同志,这句话就是'待学生如亲子弟'。"他还强调教师要尊重学生、了解学生、关心学生、平等对待学生,要与学生经常沟通,做他们的朋友,这样才能建立起和谐平等的师生关系,有助于教师在教学中更好地完成教学目标,教师热爱学生,才能在教学事业上做到"诲人不倦"。

陶行知的"爱满天下"是一种高尚的情感,引导人们追求美好的事物。正是这种"爱",推动着陶行知为中国的教育事业付出满腔热血,也推动着他为近代中国教育事业的发展付出毕生精力。

教师应为人师表

陶行知身为教育工作者,不仅十分重视以人教人的榜样作用,更是身体力行,注重修养。他提出:"重师首在师之自重",意为为人师者必须以身作则,为人师表。

陶行知在教育活动中无论是对自己,还是对老师,或者将来要做教师的学生都提出严格要求。陶行知认为,教师"一举一动、一言一行,都要修养到不愧为人师表的地步"。他在晓庄试验乡村师范学校(简称晓庄师范,今南京晓庄学院)发表演讲明确指出,该学校的根本教育方法之一就在于"以教人者教己"。他深信"教师应当以身作则",这也是他对自己的要求。他在很多著作和演讲中经常对教师提出以身作则、为人师表、率先垂范等要求。他指出:教师的道德品质,不仅是规范自己行为的需要,还是教育学生的需要。教师职业的特殊在于育人,不仅用自己的学识育人,更重要的是以自己的品德育人,不仅通过自己的语言去传授知识,而且要用自己的灵魂去塑造学生的灵魂。陶行知继承发展了为人师表、以身作则的师表精神,并且以更高的标准时刻要求自己,最终成为一代师德楷模。教师要继承和发扬陶行知以身作则的优良师德,凡要求学生做到的,首先要自己做到,才能发挥教师的楷模作用,也才能对学生起到潜移默化的作用,以沁润学生的心灵。

教师应有献身教育的精神

"捧着一颗心来,不带半根草去。"是陶行知的名言,也是陶行知为教育奉献全部身心的真实写照。陶行知认为,作为一名教师,最重要的是发自内心地对教育事业的热爱,以及因为这种爱更进一步形成的献身教育的精神。热爱和奉献,不仅是教师开展教育教学工作的重要前提,更是教育的命脉所在。

陶行知曾批评当时的一些教育工作者,"现任教育者,无不视当教员为苦途,以其无名无利也"。他指出教育者要知道教育是无名无利的事,教育者的机会是"纯系服务的机会、贡献的机会"。他认为,与其他工作相比,教育最大的不同之处就在于它的崇高性和神圣性。因此,在陶行知那里,"捧着一颗心来"是对教育的奉献,因为有了教育的爱,才会坚定献身教育的奉献精神。这种奉献精神博大而深厚,不计个人之得失,视学生的进步和教育的发展为自己最重要的责任。"平时要以'仁者不忧,知者不惑,勇者不惧,达者不恋'的精神培养学生和我们自己。""教师的成功是创造出值得自己崇拜的人。先生之最大的快乐,是创造出值得自己崇拜的学生……先生创造学生,学生也创造先生,学生先生合作而创造出值得彼此崇拜之活人……教育者也要创造值得自己崇拜之创造理论和创造技术。"他认为,教师在教育中充满爱并收获爱的成果,是真正热爱教育的教师才能享有的快乐,也是热爱教育的教师最宝贵的精神财富。

（来源：张凌洋、谢欧主编《新时代教师职业道德概论》，科学出版社，2021年版）

拓展阅读

1926年以后,陶行知认识到中国的贫穷落后,乡村比城市更严重,就提出"教育必须下乡,知识必须给予农民"的口号,并倡导普及农民教育的运动。

1927年3月,陶行知毅然舍弃教授职位,辞去武昌高等师范学校(今武汉大学前身)校长不就,只身来到了南京郊外的崂山脚下创办了著名的"晓庄师范"。

开学那天的天气很好,太阳一大早就从崂山后面冉冉升起,附近的农民奔走相告,他们三五成群地向晓庄赶来,等候着晓庄师范开学典礼的开始。

在一阵热烈的鞭炮声中,陶行知校长登上临时用泥土垒成的讲台上,作了生动而又使人振奋的开幕词。他说:"今天是我们试验乡村师范开学的日子。我们没有教室,没有礼堂,但我们的学校是世界上最伟大的，我们要以宇宙为学校，奉万物为宗师。蓝天是我们的屋顶，灿烂的大地是我们的屋基。我们在这伟大的学校里，可以得到丰富的教育………"

他讲话时的语调虽带有很浓重的安徽口音，但语气却是那么动人。接着，他又循循善诱地对同学们说："今天到会的农民朋友很多，他们是我们的朋友，以后我们要他们帮助的地方很多。你们不要以为乡下人无知，一般的大学生念过不少自然科学的书，到了乡下便连麦子与韭菜也分辨不清。你们看，乡下人不比我们认得的东西多吗………"他的这一番话，说得同学们心悦诚服。

从这一天起，晓庄学校就以其独特的面貌出现在中国农村的土地上，许多贫苦农民的孩子破天荒地获得了上学的机会。

（来源：李国强主编《中华爱国志士故事·现代篇》，二十一世纪出版社，1991年版）